Bewaffnete Befreiungskämpfe in Mittelamerika:
Nikaragua, El Salvador, Guatemala

Kriege nach 1945

Malte Letz · Detlef Wahl

Bewaffnete Befreiungskämpfe in

Mittelamerika

Nikaragua, El Salvador, Guatemala

Militärverlag der
Deutschen Demokratischen
Republik

ISBN 3-327-00287-8

Inhalt

Einleitung

In den 80er Jahren gab es nur wenige Regionen, die so wie Mittelamerika im Blickpunkt der Weltöffentlichkeit standen. Aus der Fülle der Informationen, die uns täglich erreichen, sind Nachrichten über die Entwicklung dieses Teils der Erde nicht mehr wegzudenken. Doch nicht immer war dies so. Länder wie Nikaragua, Guatemala oder El Salvador waren noch in den 70er Jahren recht selten Gegenstand von Pressemeldungen internationaler Nachrichtenagenturen. Lediglich Naturkatastrophen wie das 6000 Menschenleben verschlingende Erdbeben vom Heiligabend in Nikaragua oder die Präsidentschaftswahlen in El Salvador waren den Agenturen eine Schlagzeile wert. Erst mit dem Herbst 1977, als die Truppen der nikaraguanischen Sandinistischen Front der Nationalen Befreiung (FSLN) von den Bergen der Segovias in die belebte Pazifikregion Nikaraguas herabstiegen, und mit dem Sturm auf die Bastionen der fast fünfzigjährigen Somoza-Diktatur rückten Nikaragua und die anderen mittelamerikanischen Staaten in den Mittelpunkt des Weltinteresses.

In den letzten zehn Jahren haben über Mittelamerika weltweit viele Nachrichtenmagazine berichtet, sind Bücher erschienen und Filme gedreht worden. Aus der Vielfalt der Publikationen ragt ein Thema besonders hervor: der bewaffnete Kampf der militärpolitischen Organisationen Nikaraguas, El Salvadors und Guatemalas. Die Aktionen der Sandinistischen Befreiungsfront Nikaraguas, der Befreiungsfront Farabundo Martí El Salvadors und der Guatemaltekischen Revolutionären Nationalen Einheit, ihre Strategie und Taktik, ihre Erfolge und Niederlagen haben die Publizisten, die sich Mittelamerika gewidmet haben, in den letzten Jahren so gefesselt wie kein anderes Ereignis. Und auch kein anderes Thema ist in so unterschiedlicher Weise seit 1977 interpretiert worden. Da sind beispielsweise die «Schriften» der Apologeten des Neokolonialismus, die im Dienste des Pentagons und der CIA Bewegungen wie die Befreiungsfront Farabundo Martí als «antinationale Körper» darstellen. Sie seien den Mittelamerikanern von außen, sprich von Havanna und Moskau, als «kommunistische Terrorbanden» aufgezwungen worden. Letztlich seien sie verantwortlich für die in Mittelamerika heute charakteristische «politische Instabilität». Aber auch Linksradikale versuchen erneut, die Erfolge der bewaffneten Befreiungskämpfe in Mittelamerika für eine Neuauflage ihrer abenteuerlichen Theorie vom Guerillerismo zu mißbrauchen. Ihrer Meinung nach demonstriert der Weg der Revolution in Nikaragua und El Salvador, daß es zum Sturz eines Ausbeuterregimes genügt, wenn man nur eine Handvoll verwegener Männer zum bewaffneten Kampf bewegen kann.

In der Tat spielt der bewaffnete Kampf

Indiomarkt in Guatemala

in den Befreiungsprozessen einer Reihe mittelamerikanischer Länder seit dem Ende der 70er Jahre eine erstaunliche Rolle. Ohne die vielen mutigen Aktionen der bewaffneten Gruppen der FSLN wäre der Sturz des Somoza-Regimes gewiß nicht denkbar gewesen. Unmöglich wären auch die «Befreiten Zonen» in El Salvador, wo bereits heute Hunderttausende eine neue, menschliche Heimat gefunden haben, ohne den militärischen Kampf der Befreiungsfront Farabundo Martí. Dennoch: Der Aufschwung der Befreiungsprozesse in Mittelamerika beruht nicht allein auf dem bewaffneten Kampf. So ist er beispielsweise nur für Nikaragua bis 1979, für El Salvador und für Guatemala typisch. Und auch hier waren und sind die bewaffneten Aktionen stets mit friedlichen Kampfformen wie Massendemonstrationen oder Generalstreiks eng verknüpft. Schon damit wird deutlich, daß die militärpolitischen Organisationen von heute nicht identisch sind mit den Guerillabewegungen, die in den 60er Jahren in vielen Ländern Lateinamerikas existierten und die ausschließlich den bewaffneten Kampf anstrebten. Die Patrioten Nikaraguas, El Salvadors und Guatemalas haben ihren bewaffneten Kampf in eine umfassende Strategie eingebettet, die auf die Erringung einer humanen Gesellschaft ausgerichtet ist. Wiederholt haben sie erklärt, daß ihnen der bewaffnete Weg der Revolution aufgezwungen wurde durch den seit Jahrzehnten anhaltenden Terror der herrschenden Ausbeuter und die immer stärkere direkte Einmischung des USA-Imperialismus in die inneren Entwicklungsprozesse der Länder der Region. Schafik Handal, der Generalsekretär der Kommunistischen Partei El Salvadors und einer der Führer der Befreiungsfront Farabundo Martí, sagt hierzu: «Unser revolutionärer Kampf wurzelt in einem langen Prozeß von Kämpfen um Demokratie und soziale Gerechtigkeit, die schon ein halbes Jahrhundert währen, in denen das salvadorianische Volk bis zur Grenze seiner Möglichkeiten versucht hat, seine Ziele auf friedlichem Weg, einschließlich über Wahlen, zu erreichen. Die reiche und reaktionäre Oligarchie und ihr Herrschaftsinstrument, die reaktionäre Militärdiktatur, erstickten diese Bestrebungen und Hoffnungen in den Folterkammern, in den Gefängnissen, im Exil, im Blut der Massaker unter der Bevölkerung und in immer frecheren und umfangreicheren Wahlbetrugsmanövern. Hier liegen die Wurzeln des bewaffneten Kampfes.»

Der Weg von den ersten spontanen bewaffneten Widerständen der geknechteten Bevölkerung bis hin zur Gründung der militärpolitischen Organisationen und ihren beeindruckenden, machtvollen militärischen Operationen war lang und äußerst kompliziert. In den folgenden Kapiteln sollen die schwierige Geburt der Sandinistischen Befreiungsfront, der Befreiungsfront Farabundo Martí und der Guatemaltekischen Revolutionären Nationalen Einheit, die Entwicklung ihrer Strategie und Taktik und die Formen wie auch Ergebnisse ihrer Aktionen bis zur Mitte der 80er Jahre dargestellt werden. Die Geschichte und Gegenwart dieser Organisationen und Kämpfe wäre jedoch ohne eine entsprechende Erwähnung ihrer Gegner unvollständig geblieben. So widmet sich denn auch ein abschließendes Kapitel vor allem der militärischen und geheimdienstlichen Gegenreaktion von Pentagon und CIA.

Hölle der Armen – Paradies der Reichen

Ob seiner landschaftlichen Schönheit und Vielfalt wird Mittelamerika von vielen als eine Region der Kontraste geschildert. Auf der vom Karibischen Meer und dem Pazifik umspülten Landbrücke ragen aus den oft weit in das Land hineinreichenden fruchtbaren Küstenebenen stark zerklüftete Gebirge auf, die an vielen Stellen von noch tätigen Vulkanen gekrönt werden. Reißende Flüsse durchqueren die Länder, und überall herrscht die verschwenderische Pracht und Fülle der tropischen Tier- und Pflanzenwelt. So bunt die Natur hier auch sein mag, ihre Gegensätze werden von den Kontrasten der Gesellschaft bei weitem übertroffen. Wohl in keinem zweiten Landstrich Lateinamerikas, von einigen Inseln der Karibik abgesehen, ist die Kluft zwischen Arm und Reich so extrem wie hier. Rund 65 Prozent der Einwohner Mittelamerikas leben heute in Armut, während eine Handvoll Unternehmer und Latifundistas die ökonomische Macht in ihren Händen konzentriert: Vor 1979 lag das jährliche Einkommen von 77 Prozent der auf dem Lande lebenden Nikaraguaner unter 120 Dollar. Die Somozas hingegen nannten ein Drittel der landwirtschaftlichen Nutzfläche ihr eigen und besaßen ein Privatvermögen von 500 Millionen Dollar.

Wie Kolonien zu Halbkolonien wurden

Die extreme Polarisierung der Gesellschaft in Mittelamerika, die sich am krassesten in Ländern wie El Salvador oder Guatemala zeigt, ist Ergebnis und Ausdruck der großen sozialökonomischen Rückständigkeit und der neokolonialen Abhängigkeit von deformierten kapitalistischen Strukturen, die hier seit Jahrzehnten bestehen.

Bereits 1821, als das spanische Kolonialreich in Übersee zusammenbrach und die fünf mittelamerikanischen Republiken das Szenarium der Weltgeschichte betraten, wiesen sie einen beachtlichen sozialökonomischen Rückstand im Vergleich zu anderen Ländern der westlichen Hemisphäre auf.

Da weder Gold noch Silber in Mengen zu fördern waren noch der Landbau in den oft unwegsamen Gebieten einfach zu betreiben war, besaß Mittelamerika für die spanische Krone vorrangig strategischen Wert als natürliche Brücke zwischen dem Norden und Süden des Doppelkontinents. Der Wirtschaft widmeten die Spanier nur insofern Aufmerksamkeit, wie diese zur Versorgung der hier stationierten Truppen und der wenigen Kolonialherren beitragen konnte. Erst als im 18. Jahrhundert der Freihandel mit den englischen Kolonien in Amerika und

Unterdrückung mittelamerikanischer Indianer durch spanische Eroberer

mit Europa zu einem lohnenden Geschäft wurde, blühten einige wenige Landstriche Mittelamerikas auf, gelangten Kolonialherren durch die Indigoproduktion, die Viehzucht und den Handel zu gewissem Wohlstand. Besonders in Guatemala, in Teilen El Salvadors, Nikaraguas und Honduras' stiegen in den Städten lebende Spanier zu reichen Grundherren und Händlern auf. In anderen Teilen der Region, insbesondere im heutigen Kostarika, blieb die Zeit schier stehen, über das weite Land waren nur wenige arme Bauernwirtschaften verteilt. Die politische Macht befand sich in den Händen der spanischen Krone, die sie seit dem 18. Jahrhundert mehr und mehr durch die katholische Kirche, die reichen Grundbesitzer und Händler ausüben ließ. Vor allem die Landaristokraten waren von Beginn an eine reaktionäre, nur an der Vermehrung ihres Reichtums interessierte Schicht. Ihrer Gewinnsucht opferten sie alle moralischen Bedenken. Da sie bereits die ökonomische Macht besaßen, ging 1821 auch die politische Herrschaft nahtlos in ihre Hände über. Fortschrittliche bürgerliche Kräfte wie Handwerker, kleine Gewerbetreibende oder Intellektuelle waren zu schwach und konnten den Regimes der reichen Latifundistas nichts entgegensetzen.

Die Herrschaft der Latifundistas ließ fast überall die gesellschaftliche Entwicklung zum Stillstand kommen. Jahrzehntelang blieben die sozialökonomischen Strukturen nahezu unverändert. Den zentralen Platz nahm nach wie vor die Landwirtschaft ein, innerhalb derer Monowirtschaft, der Großgrundbesitz und halbfeudale Ausbeutungsmethoden dominierten und sich so festigten, daß sie oft heute noch in Mittelamerika anzutreffen sind. Eine einheimische Industrie gab es nicht. Diese Wirtschaftsstruktur führte dazu, daß sich die Länder Mittelamerikas allmählich in die späteren «Bananenrepubliken» verwandelten. Die Fortschrittsfeindlichkeit der Großgrundbesitzer verhinderte eine Teilnahme Mittelamerikas an der schnellen wirtschaftlichen und technischen Entwicklung in der Welt. Mehr und mehr vertiefte sich die Rückständigkeit, und so mußten sich die Länder der Regionen im 19. Jahrhundert durch mächtige internationale Kapitalgesellschaften auf dem Weltmarkt in eine untergeordnete Rolle als Lieferant agrarischer Produkte drängen lassen.

Immer wieder versuchten die in der Liberalen Bewegung organisierten probürgerlichen Kräfte, die Herrschaft der Landaristokratie zu durchbrechen. Fortlaufende Aufstände der Liberalen zeigten den reichen Landbesitzern frühzeitig, daß sie sich nicht allein behaupten konnten. Auch sie organisierten nun eine politische Bewegung – die konservativen Parteien. Der Demagogie der Konservativen jedoch unterlag das Volk nicht, es sprach sich immer öfter zugunsten der Liberalen aus. Daher richteten die Konservativen auf der Suche nach Verbündeten ihren Blick nach außen und fanden ihren Partner im englischen Königshaus. Als Gegenleistung für die politische Unterstützung durch London sowie für englische Waffen und Waren öffneten die Konservativen bedenkenlos ihre Länder den Kapitalisten an der Themse. Gebiete wie das heutige Belize verwandelten sich innerhalb weniger Jahre erneut in Kolonien oder, wie die Ostküste Nikaraguas, in britische Protektorate. In der ersten Hälfte des 19. Jahrhunderts schien damit die englische Krone auch Mittelamerika ihrem Imperium einverleibt zu haben. Doch überraschenderweise unterzeichneten die Briten 1850 den Clayton-Bulwer-Vertrag, in dem sie Machtansprüche der Vereinigten Staaten in Mittelamerika bedingungslos anerkannten. Die zunehmende Krise ihrer Kolonialherrschaft in Indien hatte die britische Krone gezwungen, ihre Kräfte nicht zu zersplittern und den wirtschaftlich erstarkten Konkurrenten im Norden Amerikas das Feld zu räumen.

Das Interesse des jungen USA-Imperialismus an Mittelamerika war zunächst nur strategischer Natur. Denkschriften der USA-Kriegsmarine machten im 19. Jahrhundert wiederholt deutlich: Wer Mittelamerika besaß, konnte weite Teile der Karibik, des Atlantik und des Pazifik sowie die Verbindung zwischen Nord- und Südamerika kontrollieren. Sehr frühzeitig hatten daher nordamerikanische Generale und Unternehmer die Idee, die Region ihrem Machtbereich einzuverleiben und als rentables Geschäft alsbald einen Schiffahrtskanal zu bauen. Mit diesem sollte die Landbrücke durchbrochen und ein äußerst profitträchtiger und strategisch wichtiger Seeweg erschlossen werden. Als mögliche Durchbruchstellen kamen die Landenge von Panama und der Rio San Juan in Nikaragua in Frage. Angesichts der zu erwartenden Einkünfte setzten nordamerikanische Unternehmer alle Mittel ein, um dieses Projekt so schnell wie möglich realisieren zu können.

Im Sommer 1855 drang im Auftrag des New-Yorker Eisenbahnkönigs Vanderbuilt der Abenteurer William Walker mit einer Söldnerarmee in Nikaragua ein. Nachdem er die Regierung des Landes abgeschlachtet hatte, ernannte er sich zum Präsidenten und errichtete ein zweijähriges blutiges Regime. Zu den ersten Maßnahmen seiner «Regierung» gehörten die Wiedereinführung der Sklaverei und die Proklamierung des Englischen als Landessprache. Schrittweise begann er mit diesen Maßnahmen, die staatliche Angliederung Nikaraguas an die USA vorzubereiten. Den Widerstand der Nikaraguaner ertränkte er im Blut; über zehntausend Menschen sollen dem Wüten seiner Schwadronen zum Opfer gefallen sein. Walker gelüstete es aber nach mehr: Die anderen mittelamerikanischen Staaten sollten Nikaragua folgen. Seine Söldner rüsteten schon zu neuen Feldzügen, als ihn 1857 die Vereinigten Armeen Mittelamerikas schlagen und Nikaragua wieder befreien konnten. Walker gelang die Flucht. Als er aber 1860 mit einigen Pistoleros in Honduras einfiel, wurde er gefangengenommen und standrechtlich erschossen.

Mit dem Tod des Abenteurers Walker fand eine unrühmliche Episode des nordamerikanischen Expansionismus ihren Abschluß. Doch die Herren des Kapitals gaben nicht auf. Ihr Geld erreichte in wenigen Jahren, was den Waffen Walkers nicht gelungen war. Der ökonomische Expansionismus kam nicht von ungefähr. In den Hauptländern des Kapitals wuchs der Wohlstand und ließ den Bedarf an Genußmitteln wie Kaffee und Bananen auf dem Weltmarkt spürbar ansteigen. Für den Anbau dieser Produkte waren in Mittelamerika die klimatischen Bedingungen günstig, und die Böden waren hier zu Spottpreisen zu haben. In der zweiten Hälfte des 19. Jahrhunderts kauften überall in Mittelamerika nordamerikanische Unternehmer Land auf. Unter ihnen stieg der Eisenbahningenieur Minor Keith zum «Bananenkönig» auf. In Kostarika hatte er äußerst billig Tausende Hektar furchtbaren Bodens erworben, auf dem er Bananen anbauen ließ. Seine Firma kontrollierte den gesamten Produktions- und Verkaufsprozeß. Auch in Guatemala eignete sich Keith

100 000 Hektar Land an. Für ihn waren Bananen das Profitgeschäft; seine Arbeiter hingegen waren unterbezahlt und lebten im Elend. 1899 gründete Keith die United Fruit Company (UFC) – den ersten Landwirtschaftstrust der Welt. Auch die profitable Kaffeeproduktion geriet bald unter die Kontrolle nordamerikanischer Kapitalgruppen, die sich vor allem auf den Vertrieb spezialisierten. Die Produktion blieb hier aus ökonomischen Gründen – der Kaffee muß sehr intensiv und individuell kultiviert werden, wofür hochbezahlte Arbeitskräfte eingestellt werden müssen – in den Händen der mittelamerikanischen Produzenten. Mit dem Kaffee kam somit auch etwas Bewegung in die wirtschaftliche Entwicklung von Ländern wie Guatemala, El Salvador und Nikaragua. Doch konnte die Rückständigkeit damit nicht aufgehoben werden. Auch wies der wachsende Wohlstand der Kaffeeproduzenten negative politische Aspekte auf: Die Kaffeeproduzenten führten zwar die Liberale Bewegung. In dem Maße, in dem ihr Reichtum wuchs, schwand aber ihr fortschrittliches Potential. Anfang des 20. Jahrhunderts näherten sie sich immer mehr den Konservativen an, mit denen sie die Interessen als Ausbeuter einten. Gleich den Konservativen versuchten nun auch viele liberale Unternehmer Mittelamerikas, ihre ökonomische Position durch ein enges Bündnis mit dem Auslandskapital zu untermauern. Das beschleunigte die Umwandlung der mittelamerikanischen Länder in Halbkolonien der USA.

Gestützt auf ihre ökonomische Macht, waren die nordamerikanischen Kompanien nach 1900 die eigentlichen Herren der Region. Vom Wohlwollen der UFC hing das Geschick der Regierungen ab. Von 1898 bis 1920 ermöglichte sie die blutige Diktatur Estrada Cabreras in Guatemala, die sich mit enormen Landschenkungen bei der Company bedankte. Dort, wo national gesinnte Politiker die Interessen der USA störten, zögerten diese nicht, ihre Ziele auch mit Gewalt zu verwirklichen. 1909 erzwangen sie durch einen von ihnen angezettelten Putsch konservativer und liberaler Generale den Rücktritt des nikaraguanischen Präsidenten Zelaya. Sein «Verbrechen» hatte darin bestanden, deutsches und japanisches Kapital für den Bau eines Schiffahrtskanals in Nikaragua zu gewinnen. Gerade eine solche Konkurrenz wünschten die Herren in Washington aber nicht, da sie sich schon Jahre zuvor für einen Kanalbau in Panama entschieden hatten. Die neue «Regierung» in Managua erhielt ihre «Legitimierung» nur durch die Bajonette der USA-Marineinfanteristen, die angesichts wachsender Volksproteste schon bald in Nikaragua intervenierten.

Mit ökonomischer Macht und militärischer Gewalt, aber auch mit geschickter Geheimdiplomatie hatten die USA bis zum Beginn des ersten Weltkrieges die mittelamerikanischen Länder de facto in Protektorate umgewandelt.

Augusto César Sandino

Der erneute Verlust der nationalen Unabhängigkeit beschleunigte den weiteren wirtschaftlichen Niedergang vieler Teile Mittelamerikas. Plantagen der Bananenkompanien entstanden, wodurch Tausende Bauern von ihrem Land vertrieben und oft über Nacht in Tagelöhner verwandelt wurden. In den Städten erlagen viele kleine Handwerksbetriebe und Unternehmer der nordamerikanischen Konkurrenz, die ohne Zollschranken ihre billigen, maschinell hergestellten Waren auf dem Markt verkaufen konnte. Am negativsten wirkte sich aber die Tatsache aus, daß der von den Werktätigen produzierte Reichtum fast vollständig in die USA abfloß. Damit fehlte diesen Ländern die finanzielle Basis, mit der sie Rückständigkeit hätten überwinden können.

Es war nur eine Frage der Zeit, wann die fortschreitende Verelendung der Bevölkerung und die Gewalt der jeweils herrschenden Cliquen die Unzufriedenheit der Massen in konkrete Protestformen umschlagen ließ. Dieser Prozeß beschleunigte sich, da sich die Armen der Gesellschaft immer mehr von den Liberalen verraten fühlten. Noch im 19. Jahrhundert unterstützten sie die Liberale Bewegung, die offen für eine freie Entfaltung der Wirtschaft und für die nationale Souveränität eintrat. Doch schon zu Beginn des 20. Jahrhunderts zeigte sich eine große Kluft zwischen Wort und Tat der liberalen Führung: In Nikaragua verriet sie offen ihren Präsidenten und gab damit die Unabhängigkeit ihres Landes preis. Diese Haltung stieß die Massen ab. Sie waren von den liberalen Führern enttäuscht und suchten nun nach eigenen Formen, mit denen sie ihren Willen zur Freiheit, Unabhängigkeit und Gerechtigkeit zum Ausdruck bringen konnten. Spontane Aufstände, erste Gewerkschaften und marxistische Zellen waren seit 1900 deutliche Anzeichen dieses Strebens.

Der Volkswiderstand gegen den USA-Imperialismus und seinen lokalen Sachwalter fand im ersten Drittel unseres Jahrhunderts seinen Höhepunkt im national-revolutionären Befreiungskrieg in Nikaragua von 1927 bis 1933. Ständige Interventionen der USA hatten das Land seit 1909 ausbluten lassen. Tausende Nikaraguaner, vor allem arme Bauern, verloren ihr Leben, andere ihr Hab und Gut. Doch dies interessierte weder die liberalen noch die konservativen Politiker. Beide Seiten paktierten abwechselnd mit den USA, was diese wiederum nutzten, um stärker in das Land einzudringen. Der Volksprotest wuchs von Jahr zu Jahr. Allein zwischen 1909 und 1924 kam es zu über zehn bewaffneten Aufständen. Da die Aufständischen jedoch oft außerhalb der dicht besiedelten Zentren operierten, unzureichend bewaffnet waren und ihre Führer nur geringe militärische und kaum politische Kenntnisse besaßen, gelang es den Regierungen im Verein mit den Marineinfanteristen der USA, sie stets schnell zu schlagen. Eine Wende trat erst 1927 mit dem von Augusto César Sandino (1895–1934) geführten Verteidigungsheer der Nationalen Souveränität Nikaraguas, der ersten revolutionären Streitmacht Mittelamerikas, ein.

Sandino – Sohn eines wohlhabenden Bauern und einer indianischen Tagelöhnerin – durchquerte nach 1921 als Wanderarbeiter ganz Mittelamerika und kehrte erst sechs Jahre später von den Erdölfeldern Tampicos (Mexiko) in seine Heimat zurück. Eine erneute Intervention der USA hatte ihn zu diesem Schritt veranlaßt. Diesmal unterstützten die USA die Konservativen in einem Bürgerkrieg gegen liberale Generale, die eine Beteiligung an der Regierung in Managua gefordert hatten. Sandino schloß sich wie viele Nikaraguaner der liberalen Armee an, da er glaubte, daß mit deren Sieg die Interventen aus dem Land verschwinden würden. Der Befehlshaber der Liberalen, General Moncada, stand dem Ansinnen Sandinos jedoch mißtrauisch gegenüber und versuchte, ihn von militärischen Aktivitäten fernzuhalten. Moncada strebte nur einen Posten in der Regierung an; mit den USA wollte er sich in keine großen militärischen Abenteuer einlassen. Doch Sandino kapitulierte nicht. Mit Hilfe von Bergarbeitern und Prostituierten beschaffte er sich Waffen und rüstete eine kleine schlagkräftige Truppe von Arbeiter- und Bauernsoldaten aus. Schon nach wenigen Wochen bewiesen sie, was sie konnten. Mit einem mutigen Angriff bewahrten sie Moncada vor der Gefangennahme durch die Konservativen. Anfang 1927 mußte Moncada schließlich Sandino akzeptieren und auch dessen vom Volk verliehenen Titel eines Generals anerkennen.

Das militärische Geschick und die von Sandino später zum Ausdruck gebrachten fortschrittlichen Ideen waren nicht Ergebnis umfangreicher theoretischer

Studien. Wie bei vielen mittelamerikanischen Revolutionären der Gegenwart beeinflußten vor allem die in der Praxis gewonnenen Erfahrungen sein Denken und Handeln. Großen Eindruck hatte in ihm seine Kindheit hinterlassen, die er in einer indianischen Dorfgemeinschaft verbracht hatte. Seine Guerillastrategie enthält nicht zufällig wesentliche Elemente des indianischen Widerstandes gegen die Kolonialherren, wie zum Beispiel der Aufbau kleiner mobiler Kampfeinheiten. Nachhaltig beeinflußten ihn auch seine Kontakte mit den organisierten Erdölarbeitern Mexikos. Aus ihrer kämpferischen Praxis zog er Schlußfolgerungen, die sein Denken bereits über den Rahmen der bürgerlichen Ideologie hinausführten. So erkannte er die schöpferische Rolle der Arbeiter und Bauern in der Geschichte, mit denen er eine «gerechte Gesellschaft» aufbauen wollte. Doch zuvor galt es, die Heimat von den Interventen zu befreien.

Aufstieg und Popularität Sandinos beunruhigten nicht nur die konservativen und liberalen Politiker in Managua. Mitte 1927 sandte USA-Präsident Coolidge seinen Sonderbeauftragten Henry Stimson nach Nikaragua. Seine Mission bestand in der Herbeiführung eines sofortigen Waffenstillstandes zwischen Liberalen und Konservativen. Diese sollten eine gemeinsame Regierung bilden, die sich auf eine von den USA aufzubauende Nationalgarde stützen und unverzügliche Schritte gegen die sich um Sandino formierende Volksbewegung einleiten sollte. Stimson standen dafür sowohl Dollars als auch die geballte Macht der USA-Marine zur Verfügung, mit der er Moncada für den Fall drohte, daß dieser seinen Anordnungen nicht Folge leisten würde. Moncada kapitulierte sofort und erhielt einen hohen Regierungsposten.

Sandino war der einzige General der liberalen Armee, der das Manöver Stimsons entlarvte und eine Entwaffnung ablehnte. Den Generalen in Managua und Washington rief er zu, daß er seinen Kampf erst dann einzustellen gedenke, wenn die Invasoren und Verräter aus seiner Heimat verjagt wären. Sandino wußte sehr wohl, daß er sich mit seinen leichtbewaffneten Gefährten nicht in offene Kampfhandlungen mit den Marines einlassen konnte. Daher zog er sich in die Segovias zurück, eine schwer zugängliche Gebirgsregion im Nordosten des Landes. Hier hatten Verfolgte stets einen sicheren Unterschlupf gefunden und überlebt, wenn sie die Indianer auf ihrer Seite hatten. Sandino gelang es schnell, das Vertrauen der Indios zu gewinnen, die ihn und seine Männer in den nächsten Jahren oft durch den Urwald führten, ernährten, kleideten und mit Informationen versorgten. Im Schutz der Segovias rief Sandino noch im September 1927 das Verteidigungsheer der Nationalen Souveränität ins Leben. Diesem Heer – in seiner Glanzzeit etwa 6000 Mann stark – gelang dank dem militärischen Talent Sandinos und dem Mut seiner Kämpfer das, was keiner für möglich gehalten hatte: 1932 waren die nordamerikanischen Besatzer militärisch so geschwächt, daß sie sich aus Nikaragua zurückziehen mußten. Und das, obwohl die «Kleine Armee der Verrückten», wie der lateinamerikanische Publizist Gregorio Selser die Männer Sandinos einmal bezeichnete, sich nur aus leichtbewaffneten Arbeitern, Bauern und Handwerkern zusammensetzte, die sich einer Übermacht auf das modernste ausgerüsteter und erfahrener Marineinfanteristen gegenübersah.

Als die USA Nikaragua militärisch räumten, stellte Sandino den Kampf ein und löste seine Armee auf, um sich nun in den Norden zum Rio CoCo zurückzuziehen. Dort begann er 1933, landwirtschaftliche Kooperativen zu gründen, die die Lage der Armen verändern sollten. Doch die USA nahmen ihre Niederlage nicht so einfach hin. Für sie stellte Sandino die Hauptgefahr für ihre neokolonialistischen Pläne dar. Daher ließen sie

Die Befreiungsaktionen Sandinos 1927 bis 1933

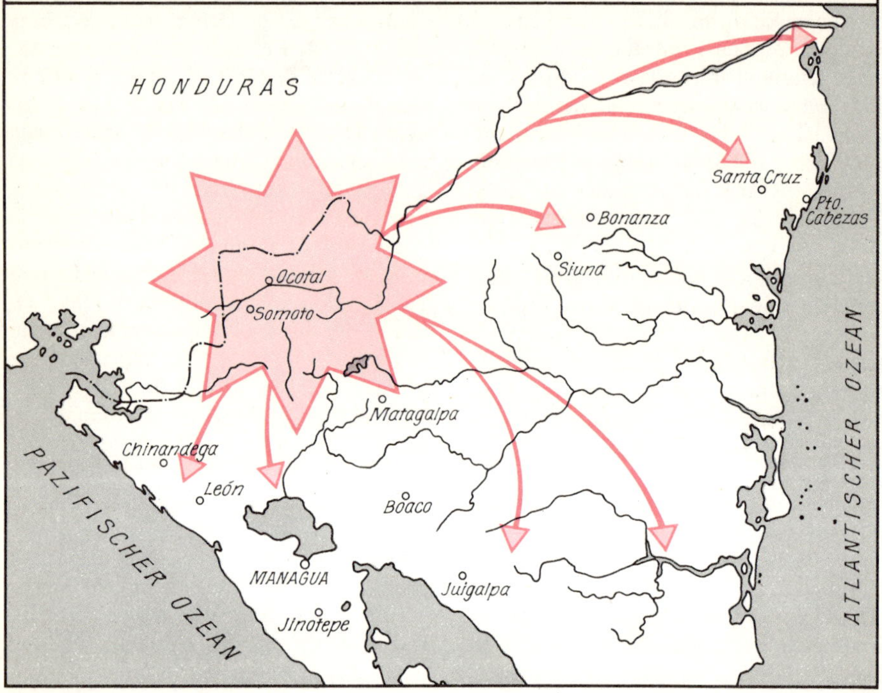

ihn und seine engsten Kampfgefährten im Februar 1934 von Anastasio Somoza, dem Oberbefehlshaber der mittlerweile von USA-Offizieren aufgebauten Nationalgarde, heimtückisch umbringen.

Ermordet, aber nicht geschlagen – tot, aber dennoch im Herzen Hunderttausender lebendig, wurde Sandino über die Grenzen Nikaraguas hinaus zur Symbolfigur für den standhaften Befreiungskampf. Bürgerliche Historiographen und auch seine Mörder versuchten jahrzehntelang, Sandino als einen romantischen Revolverhelden darzustellen. Doch gerade dies war er nicht. Sandino stand am Beginn einer langen Reihe von Revolutionären, deren Kampf in der Gegenwart scheinbar allmächtige Diktaturen brüchig werden läßt.

Die Bedeutung Sandinos für die heutige revolutionäre Generation in Mittelamerika ist vielfältig. Seine Armee war die erste schlagkräftige antiimperialistische Bewegung der Region, die fest mit den Massen verankert war. In der Praxis machte er deutlich, wo die konsequentesten Vorkämpfer der nationalen und sozialen Befreiung zu finden waren. In seinen Programmen zeigte Sandino auch, daß mit einer militärischen Niederlage des Gegners allein die Lage der Armen nicht zu verbessern war. Die Kooperativen am Rio CoCo bewiesen anschaulich, wie eng die nationale Befreiung mit sozialen Umwälzungen verbunden ist. Ein großes Erbe hinterließ Sandino ebenso in bezug auf die Strategie und Taktik des bewaffneten Befreiungskampfes. Das von ihm entwickelte und praktizierte Konzept vom «lang dauernden revolutionären Volkskrieg» ist heute mehr oder weniger Richtschnur aller in Mittelamerika operierenden bewaffneten revolutionären Organisationen. Wesentliche Inhalte dieser Strategie sind unter anderem: die Existenz kleiner mobiler Gruppen, welche Gefechte größeren Ausmaßes mit dem Gegner meiden, ihn jedoch mit einer «Nadelstich»-Taktik schrittweise zermürben und schwächen; die enge Zusammenarbeit zwischen den Kämpfern und dem Volk; die Kombination des bewaffneten Kampfes mit allen anderen möglichen Widerstands- und Protestformen. Sandinos Wirken gab damit schon in den 30er Jahren Antwort auf Grundfragen der revolutionären Strategie und Taktik von heute: auf die Frage nach dem Verhältnis der bewaffneten Organisationen zum Volk; auf die Wechselwirkungen zwischen den einzelnen revolutionären Kampfformen und in Ansätzen auch nach dem sozialen Ziel des bewaffneten Befreiungskampfes.

Noch zu Lebzeiten Sandinos fand sein revolutionärer Befreiungskrieg ein breites Echo in ganz Mittelamerika. 1931 und 1932 erhoben sich in Honduras Bauern und Plantagenarbeiter gegen die Allmacht der Bananencompany. 1932 bereiteten salvadorianische Kommunisten unter der Führung von Farabundo Martí (1893–1932), der lange Zeit an der Seite Sandinos gekämpft hatte, einen Bauernaufstand vor. Durch Verrat scheiterte er jedoch bereits in der Anfangsphase. Eine «Befriedung» gelang dem seit 1931 herrschenden Diktator Hernán Martinez nur durch ein Gemetzel, dem 30000 Salvadorianer, unter ihnen auch Martí, zum Opfer fielen.

Die Ära der Militärdiktaturen

Die Massaker in El Salvador und Nikaragua waren nicht nur verzweifelte Versuche der Landaristokratie, ihre Machtpositionen zu behaupten. Sie waren auch Resultat einer neuen Strategie des USA-Imperialismus. Seit Beginn der 30er Jahre inszenierten die USA überall in Mittelamerika Militärputsche und setzten reaktionäre Offiziere als Präsidenten ein.

Von 1931 bis 1944 residierte in Guatemala-Stadt der für seine Grausamkeiten berüchtigte Diktator Jorge Ubico, in Honduras herrschte von 1933 bis 1948 der Diktator Carias, und 1936 putschte sich der Oberbefehlshaber der nikaraguanischen Nationalgarde Somoza García in Managua an die Macht. Nur Kostarika blieb von einer reaktionären Militärdiktatur verschont.

Die Wahl der Streitkräfte als Interessenvertreter des USA-Imperialismus geschah nicht zufällig. Die Armee war in den rückständigen Gesellschaften der Region die einzige im ganzen Staat funktionierende und straff organisierte Machtinstitution. Die Macht des Präsidenten blieb oft nur auf die Hauptstadt beschränkt. Das Militär jedoch war im ganzen Land präsent. Wer die Armee kontrollierte, bestimmte das Leben in allen Regionen. Die Streitkräfte waren damals wie heute zuverlässige Bündnispartner der USA. Aus den Vereinigten Staaten kamen Waffen, Berater und Instruktionen; in den USA erhielten die Offiziere und viele Soldaten ihre Ausbildung. Die Offiziere im Präsidentensessel vertraten daher bedingungslos die nordamerikanischen Interessen.

Die Gründe, die die USA zu einer veränderten Konzeption ihrer neokolonialistischen Herrschaft – zum Übergang von einer direkten zu einer indirekten Unterdrückung – zwangen, waren vielfältig. Einerseits hatten sie aus ihren militärischen Interventionen in Kuba, Haïti und Nikaragua den Schluß gezogen, daß ihre direkte Truppenpräsenz stets mehr zum Anschwellen der Volksproteste als zu deren Unterdrückung führte. Die Herrschaft «nationaler» Militärs sollte daher die Bevölkerung verwirren und deren antiimperialistisches Kampfpotential mindern. Auch waren die Marionettenregime für den USA-Imperialismus rentabel, da seine unmittelbaren materiellen und personellen Verluste recht gering blieben.

Andererseits sahen sich die USA angesichts der internationalen Entwicklung – in Europa zog die Nacht des Faschismus herauf, und ein neuer Weltkrieg zeichnete sich ab – gezwungen, in ihrem unmittelbaren Machtbereich stabile abhängige Regime zu schaffen. Die Diktatur der «nationalen» Streitkräfte besaß und besitzt noch heute die Aufgabe, durch den «inneren Krieg» alle Gegner der neokolonialen Herrschaft zu unterdrücken. Damit erlangten die in den 30er Jahren errichteten Regime eine bis in die Gegenwart reichende strategische Bedeutung für den USA-Imperialismus. Martínez, Somoza, García, Ubico und Carias wurden die unmittelbaren Vorläufer der heutigen Diktatoren. Die neuen Diktatoren unterschieden sich in der Regel lediglich im Namen von ihren Vorgängern.

Nur in Guatemala gelang es im Rahmen einer bürgerlich-demokratischen Revolution von 1944 bis 1954, die verhängnisvolle Herrschaft der Militärregime zu durchbrechen. Am 1. Juli 1944 mußte Ubico einem Volksaufstand weichen. Die demokratischen Rechte und Freiheiten wurden hergestellt sowie eine Agrarreform und umfassende Sozialprogramme von der fortschrittlichen Regierung in Angriff genommen. Die Hoffnung, mittels bürgerlicher Reformen in eine demokratische Zukunft zu schreiten, erfüllte sich jedoch nicht. Mit Hilfe der USA, die Luftangriffe auf guatemaltekische Städte flogen, intervenierten 1954 rechte Offiziere und errichteten wieder die alten politischen Verhältnisse.

Das Weiße Haus und die Oligarchie Mittelamerikas lernten aus den Vorgängen in Guatemala. Die Militärdiktaturen der 50er und 60er Jahre wiesen bereits neue Züge auf. Regierungsberater der USA empfahlen den Diktatoren besonders, den offenen Terror zu reduzieren und an seine Stelle einen ausgeklügelten Repressions- und Herrschaftsmechanismus zu setzen. Die USA waren auch bereit, repräsentative bürgerliche Demokratien zu unterstützen, sofern diese die nordamerikanischen Interessen nicht grundsätzlich gefährdeten. Sie intervenierten daher auch nicht in Kostarika, als dort 1949 von bürgerlichen Kräften und Großgrundbesitzern ein parlamentarisches System errichtet wurde. Auch in Honduras standen die USA zu Beginn der 70er Jahre der Präsidentschaft des nationalreformistischen Generals Lopez Arellano nicht ablehnend gegenüber. Bis heute entstanden in Kostarika und ansatzweise in Honduras parlamentarische Systeme, welche auch in der Gegenwart eine relative Stabilität gegenüber wachsenden Volksprotesten aufweisen. Besonders in Kostarika haben bürgerliche Parteien und reformistische Gewerkschaften die direkte bewaffnete Gewalt als Herrschaftsmethode der Ausbeuter weitgehend verdrängt. Bereits 1949 wurden hier die Streitkräfte aufgelöst, und bis Anfang der 80er Jahre diente nur eine kleine Polizeitruppe der Aufrechterhaltung der öffentlichen Ordnung. Die Existenz bürgerlich-demokratischer Strukturen ist in Ländern wie Kostarika eine Ursache dafür, daß in diesen Teilen Mittelamerikas gegenwärtig Volksproteste nicht in bewaffnete Bewegungen umschlagen.

In Nikaragua, El Salvador und Guatemala hingegen wurde nach dem zweiten Weltkrieg die Gewaltherrschaft weiter praktiziert. Zu tief saß den herrschenden Oligarchien die Angst vor wieder aufflakkernden Volksbewegungen im Nacken, so daß sie an ihrem Terrorsystem schon aus präventiven Gründen festhielten. Nach der Zerschlagung der guatemaltekischen Revolution begannen die Diktatoren jedoch, ihr Unterdrückungssystem zu «modernisieren». Auf Empfehlung nordamerikanischer Berater schränkten sie den unmittelbaren, stets spürbaren Terror etwas ein und griffen zu ausgeklügelteren Herrschaftsmechanismen. Mittels Verfas-

Mittelamerika der 70er Jahre: Terror beherrscht den Alltag

sungsreformen vereinten beispielsweise die Somozas in Nikaragua die Legislative und die Exekutive in ihrer Hand und bauten alle Rechte des Parlaments ab. Im Scheinparlament und mit präsidialen Ausnahmeregelungen peitschten sie undemokratische Gesetze durch, die die politische und gewerkschaftliche Organisierung der Werktätigen unterdrückten beziehungsweise verhinderten. In allen Verfassungen dieser Länder verankerten die Machthaber Klauseln, die es ihnen ermöglichen, jederzeit den Ausnahmezustand auszurufen und ihre Herrschaft auf Jahre festzuschreiben. In den Repressionssystemen spielt wie in den 30er Jahren die Armee die zentrale Rolle. Bis heute ist sie die am besten funktionierende Herrschaftsinstitution und verläßlichste Stütze der Oligarchie und Washingtons. Militärische Befehlshaber übten und üben in der Regel direkt oder indirekt und parlamentarisch verbrämt die politische Macht aus. Entsprechend ihrer Funktion als einem nach innen gerichteten Repressionsorgan wurden die Streitkräfte aufgebläht und umstrukturiert. Mitte der 70er Jahre gehörten ihnen in Nikaragua 7100, in El Salvador 7130 und in Guatemala 14300 Mann an. In den Armeen dominieren bis heute die Landstreitkräfte; Luftstreitkräfte und Marine hingegen waren bis 1979 schwach entwickelt. Die Armeen verfügen gegenwärtig über spezielle Abteilungen, die «Antiguerilla-Truppen». Sie entstanden erstmalig Mitte der 60er Jahre in Guatemala zur «Aufstandsbekämpfung» und sind heute auch in El Salvador, Honduras und in Kostarika zu finden.

Neben der Armee spielen im System der Machterhaltung der Diktaturregime besonders die geheimen Todesschwadronen eine wichtige Rolle. Allein in Guatemala sind ihrem Wüten über 100000 Menschen zum Opfer gefallen, in El Salvador ermordeten sie seit 1979 52000 Männer, Frauen, Greise und Kinder. Zu den bedeutendsten und berüchtigtsten Todesschwadronen zählen in Guatemala die «Weiße Hand» (Mano Blanco), die «Auge um Auge» (Ojo por Ojo), die «Neue Antikommunistische Organisation» (NOA) und die «Geheime Antikommunistische Armee» (ESA), in El Salvador die «Nationale Demokratische Organisation» (ORDEN) und im vorrevolutionären Nikaragua die «Antikommunistische Jugend». Geheimorganisationen wie der ORDEN stehen außerhalb jeglicher Gerichtsbarkeit. Sie wuchsen in den 60er Jahren empor. Ihre Funktion besteht darin, im ganzen Land Angst und Schrecken zu verbreiten und Gegner des Regimes ohne Gerichtsurteil sofort abzuschlachten. Sie sollen den Eindruck einer unabhängig von den Machthabern operierenden Gruppe von

Bürgern vermitteln. Doch jeder weiß heute, daß die Führer der Todesschwadronen ranghohe Offiziere und oft selbst Mitglieder der Regierung sind.

Während den Streitkräften die unmittelbare Aufstandsbekämpfung obliegt, üben die Todesschwadronen vor allem den gezielten präventiven Terror aus. Ihnen fallen Kommunisten, Gewerkschafter, Priester, Sozialdemokraten, aber auch Vertreter der Bourgeoisie zum Opfer. Sie werden gegen all jene aktiv, von denen die Machthaber glauben, daß sie eine Gefahr für ihre Herrschaft darstellen. Kennzeichnend ist dafür auch eine öffentliche Erklärung der ESA vom Juli 1979: «An das Volk von Guatemala: Die kommunistischen Agitatoren, ihre freiwilligen Helfer und nützlichen Idioten warnen wir, daß wir nicht zulassen werden, daß sie Guatemala in ein weiteres Nikaragua verwandeln. Deshalb werden unsere Kommandos im geeigneten Augenblick zu handeln wissen und, wohlgemerkt, ohne Veröffentlichung der Liste der Verurteilten und ohne Warnung wird einer nach dem anderen durch unsere Henker fallen». Bereits wenige Wochen später begannen die Kommandos der ESA zu wüten.

Die bewaffneten Widerstandsorganisationen beginnen sich zu formen

Gewaltherrschaft und zunehmende Massenarmut bereiteten langfristig den Boden für die Unzufriedenheit breitester Bevölkerungsschichten in allen Teilen Mittelamerikas. Seit Ende des zweiten Weltkrieges mehrten sich die Proteste und Streikaktionen der Werktätigen von Jahr zu Jahr. Hungermärsche waren in den von der Natur so reich ausgestatteten Ländern Mittelamerikas in der jüngsten Geschichte keine Seltenheit. Der Organisationsgrad der Arbeiter, Bauern, Intellektuellen, Handwerker und vieler anderer Unterdrückter und Ausgebeuteter nahm kontinuierlich zu. Von historischer Bedeutung war die Entstehung und trotz Terrors ungebrochene Existenz der vor beziehungsweise kurz nach dem zweiten Weltkrieg gebildeten kommunistischen Parteien: 1930 wurde die Kommunistische Partei El Salvadors (KPES), 1931 die kommunistische Partei in Kostarika, die sich seit 1943 Partei der Volksavantgarde (PVP) nannte, 1944 die Sozialistische Partei Nikaraguas (PSN), 1944 die Guatemaltekische Partei der Arbeit (PGT) und 1954 die Kommunistische Partei Honduras' gegründet (KPH). Waren diese Parteien zahlenmäßig oft auch nur klein, so hatten sie dennoch für die weitere Entwicklung der Volksbewegungen eine große Bedeutung. Durch sie breitete sich der Marxismus-Leninismus im Land aus, wurden viele erstmals mit der wissenschaftlichen Weltanschauung der internationalen Arbeiterklasse vertraut. Nicht wenige führende Köpfe der revolutionären bewaffneten Bewegungen der Gegenwart waren Mitglied der kommunistischen Jugendsektionen und sind heute aktive Kommunisten. Einen nicht zu unterschätzenden Einfluß übten und üben die Kommunisten bis in die Gegenwart hinein in der Gewerkschaftsbewegung aus. Unter ihrer Mitwirkung wuchsen überall mächtige nationale Gewerkschaftszentralen empor, wie die Nationale Gewerkschaftsförderation der Werktätigen El Salvadors (FENASTRASS). Dem standhaften Wirken dieser Gewerkschaften sind heute nicht wenige soziale Errungenschaften zu verdanken, so zum Beispiel feste Stundenlöhne in den Industriebetrieben.

Auch die bürgerliche Parteienlandschaft hat sich seit den 50er Jahren mit dem Entstehen neuer Bourgeoisiefraktionen (Industriebourgeoisie) und dem Anwachsen der städtischen Mittelschichten erweitert. Zu den klassischen konservativen und liberalen Parteien gesellten sich christdemokratische sowie national- und

Nationalgardisten im Einsatz

sozialreformistische Bewegungen. Sie breiteten sich besonders in Kostarika aus und trugen zur Festigung bürgerlich-demokratischer Strukturen bei. Auch in Honduras gewannen von 1972 bis 1975 national-reformistische Offiziere unter Präsident López Arellano zunehmend Einfluß und leiteten auf dem Land einige Reformprojekte ein, mit denen es damals gelang, die heraufziehenden sozialen Konflikte zeitweilig zu entschärfen.

Während demokratische Strukturen in Kostarika und auch teilweise in Honduras zivile Formen des Klassenkampfes ermöglichten, waren diese in den Ländern mit Diktaturregimen so gut wie ausgeschlossen!

Für das Verhalten der Tyrannen im Präsidentensessel gegenüber dem Volk waren die Vorgänge vom Januar 1967 in der nikaraguanischen Hauptstadt charakteristisch: Einige hundert Bürger Managuas demonstrierten gegen den Amtsantritt Somoza Debayles. Wochen zuvor hatte sich der Sohn des Begründers der Familiendiktatur durch Wahlbetrug als «Präsident» proklamieren lassen. Er ließ die Nationalgarde gegen die Demonstranten aufmarschieren, und mit gezieltem Feuer lösten seine Büttel den Protestmarsch auf. Über 200 Tote blieben auf der Straße zurück. Auch die Machthaber in Guatemala-Stadt und San Salvador gingen in ähnlicher Weise gegen alle Formen des Volksprotestes vor. Wie schon in den 30er Jahren bevorzugten die Diktatoren die bewaffnete Gewalt, um ihre Herrschaft aufrechtzuerhalten. Ihre Profitgier trieb sie auch zu Mord und Raub. Nicht selten erschlugen Angehörige der Repressionsorgane Bauern auf ihren Feldern, damit sich später hohe Offiziere deren Boden kostenlos aneignen konnten. In einigen Teilen Mittelamerikas stellen die Indios einen hohen Prozentsatz der Gesamtbevölkerung, wie beispielsweise in Guatemala mit 54 Prozent. Diese indianischen Gemeinschaften waren und sind bis heute größtem Terror ausgesetzt. Mit äußerster Brutalität werden sie von ihrem Grund und Boden vertrieben und oft auch vernichtet, wenn sich ihr Siedlungsgebiet als ökonomisch interessant für Militärs und ausländische Kapitalgesellschaften erweist.

Angesichts eines so allgegenwärtigen Staatsterrors war es kein Zufall, daß sich in Nikaragua, El Salvador und Guatemala der Widerstand des Volkes gegen die bestehenden Verhältnisse bald in bewaffneten Formen äußerte. Seit den 50er Jahren wuchs der spontane Widerstand in Stadt und Land. 1956 erschoß der patriotische Dichter Rigoberto López Perez den Diktator Somoza García in Managua. Kurze Zeit später griffen auch Teilnehmer von Befreiungsbewegungen früherer Jahre erneut zur Waffe. In Nikaragua nahm Ramón Raudales, ein Kampfgefährte Sandinos, den Kampf wieder auf.

Der Sieg der um Fidel Castro geeinten patriotischen Kräfte 1958/59 auf Kuba über die verhaßte Batista-Diktatur verlieh dem Befreiungskampf überall in Mittelamerika entscheidende Impulse. Programm und Organisiertheit der kubanischen Revolutionäre besaßen gerade für die Antidiktaturkräfte in Nikaragua, El Salvador und Guatemala eine große Beispielwirkung. Noch 1959 nahmen die bewaffneten Aktionen nikaraguanischer Patrioten sprunghaft zu. Auch in Guatemala bildeten junge patriotische Kräfte im Jahr 1960 erste bewaffnete Widerstandsgruppen.

Seit den 60er Jahren erhielt der Widerstand durch höhere Organisationsformen der patriotischen Kräfte, die stärker als zuvor den Bedingungen des illegalen und vorrangig bewaffnet geführten Kampfes Rechnung trugen, neue Qualitäten; Vorbild war auch hierbei die «Bewegung des 26. Juli» auf Kuba. Schon 1961 gründeten in Nikaragua Vertreter unterschiedlicher politisch-ideologischer Positionen und Angehörige verschiedener sozialer Schichten wie Kommunisten, Christen, bürgerliche Demokraten, Arbeiter, Bauern und Studenten die Sandinistische Befreiungsfront (FSLN). Ein Jahr später entstand unter der Führung von Lorenzo Zelaya auch in Honduras eine bewaffnete Organisation, die sich aber bereits kurze Zeit später wieder auflöste. 1971 gesellten sich in Guatemala die Aufständischen Streitkräfte (FAR), das Guerillaheer der Armen (EGP) und kurze Zeit darauf die Revolutionäre Organisation des Volkes in Waffen (ORPA) hinzu. Anfang der 70er Jahre schlossen sich auch in El Salvador progressive Kräfte in bewaffnete Organisationen zusammen: 1970 riefen Kommunisten die Volksbefreiungskräfte (FPL) sowie ehemalige Christdemokraten und aktive Christen das Revolutionäre Volksheer (ERP) ins Leben. Fünf Jahre später konstituierten sich die Bewaffneten Nationalen Widerstandskräfte (FARN).

Die militärische Taktik der bewaffneten Organisationen baute auf Sandinos Konzept vom «Verlängerten Volkskrieg» auf und war angereichert mit eigenen und internationalen Kampferfahrungen, unter denen die von Fidel Castro geführte kubanische «Bewegung des 26. Juli» einen zentralen Platz einnahm. Mittels vielfältiger kleiner bewaffneter Aktionen wurde versucht, die Regime zu destabilisieren und zu stürzen. Doch trotz Heroismus und unsäglicher Opfer erreichten diese Organisationen bis weit in die 70er Jahre hinein keine wesentlichen Veränderungen der Gesellschaft. Noch immer konnten sich die Machthaber durch den Einsatz ihrer Streitkräfte und Todesschwadronen erfolgreich behaupten. Auch mit kleinen, halbherzig geführten und oft nach kurzer Zeit schon wieder abgebrochenen Reformen trugen die Tyrannen zur zeitweiligen Beruhigung der Massen bei. So demobilisierten beispielsweise die Somozas um 1965 mittels der Ankündigung einer Agrarreform die armen Bauern. Ein Hindernis erwuchs den bewaffneten Organisationen aber auch aus den eigenen Reihen. Elitäres Denken kleinbürgerlicher Führungskräfte, das

Kämpfer der FSLN

Die Revolutionskommandanten Humberto Ortega, Henry Ruiz, Victor Tirado und Carlos Núñez Ruíz am 19. Juli 1979

Liebäugeln mit dem «Guerillerismo» und der Focustheorie – wonach es zur Revolution genüge, eine Handvoll mutiger Männer zum Kampf zu mobilisieren – sowie verschwommene Zielvorstellungen schränkten ihren Masseneinfluß und damit auch ihren Aktionsradius beträchtlich ein. Bewegungen wie die FAR konnten so in den 60er Jahren fast vollständig aufgerieben werden.

Es war daher kein Wunder, daß sich viele Kommunisten angesichts linksradikaler Tendenzen Ende der 60er/Anfang der 70er Jahre zeitweilig von bewaffneten Aktionen distanzierten. Allerdings verfielen sie auch einem Irrtum: Sie zogen aus dem Scheitern der Guerilla den Schluß, daß in den Diktaturregimen der bewaffnete Weg der Revolution nicht gangbar wäre. So orientierten sie sich auf zivile Kampfformen, insbesondere darauf, die Diktatoren durch demokratisch gewählte Parlamente aus der politischen Macht zu verdrängen. Doch dies erwies sich in Ländern wie El Salvador oder Nikaragua als ebenso einseitig wie der «Guerillerismo». Viele Kommunisten erkannten dies und wandten sich in den Jahren von 1970 bis 1975 und danach wieder dem bewaffneten Kampf zu.

Das kritische Studium eigener und internationaler Erfahrungen führte in den 70er Jahren zu einer Konkretisierung der Strategie und Taktik der Befreiungsorganisationen – und dies nicht nur auf militärischer Ebene. Immer stärker setzte sich vor allem die Erkenntnis durch, daß es notwendig ist, eine feste Verbindung der bewaffneten Organisationen mit den Werktätigen in Stadt und Land sowie die Einheit aller revolutionären Kampfformen herzustellen. Führungspersönlichkeiten wie der Generalsekretär der FSLN, Carlos Fonseca Amador, orientierten auf die massenpolitische Arbeit und auf die Fähigkeit, alle Kampfformen zu beherrschen. Im Ergebnis dessen entstanden in Nikaragua bereits seit 1970 sandinistische Massenorganisationen wie die Studentenfront und Komitees der armen Bauern und Landarbeiter. Auch in El Salvador vollzogen sich ähnliche Entwicklungen. Alle bewaffneten Organisationen begannen politische Bewegungen zu bilden, über die sie mit den Massen in Stadt und Land allmählich fest verschmolzen: die Aktionseinheitsfront des Volkes der FARN, die Volksliga «28. Februar» der ERP und der Revolutionäre Volksblock der FPL. Der immer enger werdende Kontakt zu den Werktätigen in Stadt und Land war nicht zuletzt Zeichen einer größeren Klarheit der Führer der bewaffneten Organisationen über die Perspektiven des Antidiktaturkampfes. Ihr Ziel war eine antiimperialistisch-demokratische Revolution, die langfristig – wie es die FSLN 1979 formulierte – die objektiven und subjektiven Voraussetzungen einer «gerechten Gesellschaft» schaffen sollte. Auf der Basis dieser Ideen und der immer effektiveren Organisiertheit der bewaffneten Organisationen wuchs deren Masseneinfluß kontinuierlich.

Die Krise der Diktaturregime

Der erfolgreiche Weg der bewaffneten Befreiungsorganisationen in den letzten Jahren ist nicht allein Ergebnis ihrer neuen strategischen und taktischen Konzeptionen. Er vollzog sich vor dem Hintergrund einer tiefen Krise der kapitalistischen Strukturen, die besonders die Herrschaft der mittelamerikanischen Tyrannen in ihren Grundfesten erschütterte. Die Krise wurzelte in der anhaltenden Rückständigkeit und neokolonialen Abhängigkeit, die die sozialökonomische Entwicklung seit den 40er Jahren verstärkt prägen.

Als die USA nach 1939 wirtschaftlich von Europa und vielen Ländern Asiens und Afrikas abgeschnitten waren, hatten sie begonnen, die ökonomischen Ressourcen und Potenzen ihres unmittelbaren Herrschaftsbereiches verstärkt zu nutzen. In Mittelamerika provozierte die gestiegene Nachfrage nordamerikanischer Konzerne nach Baumwolle, Bananen und Fleisch einen bis dahin einmaligen wirtschaftlichen Aufschwung. Dieser hielt auch in den 50er und 60er Jahren an, obwohl er mehrfach durch Absatzkrisen ins Stocken geriet. Die Wandlungen in der Landwirtschaft veränderten sehr bald das Bild der Agrarexportländer der Region. Auf der Basis der Verarbeitung agrarischer Produkte entstanden Industrien wie Lebensmittel- und Textilbetriebe. Lag der Anteil der Industrie am Nationaleinkommen der mittelamerikanischen Länder noch 1945 bei nahezu Null, so stieg er bis 1960 auf 13 Prozent und zehn Jahre später schon auf 17 Prozent an. Bis weit in die 60er Jahre hinein verzeichneten alle Länder Mittelamerikas ein hohes wirtschaftliches Wachstum. Das Nationaleinkommen wuchs durchschnittlich um 4,5 Prozent jährlich. Langfristig blieb der Wirtschaftsaufschwung aber begrenzt und änderte an den Lebensbedingungen der Mehrheit der Bevölkerung recht wenig. Durch ihre Politik des nationalen Ausverkaufs vertieften vor allem die Diktatoren die Abhängigkeit ihrer Länder vom Auslandskapital. Nach wie vor befanden sich die Zentren der Wirtschaft in den Händen ausländischer Gesellschaften, sei es in Gestalt von Direktinvestitionen oder über die Bindung sogenannter nationaler Unternehmen an nordamerikanische Banken. Die Milliardäre der Wallstreet förderten wie früher nur die für sie profitablen Bereiche, wie die Baumwollproduktion, die Textil- und Lebensmittelindustrie. Auch die meisten einheimischen Kapitalisten konzentrierten ihre Investitionen nur auf diese Wirtschaftszweige. Gewinne wurden in der Regel sofort ins Ausland transferiert und kamen damit der inneren Entwicklung nicht zugute. So war es kein Wunder, daß unter diesen Umständen die Probleme in der Gesellschaft trotz des Wirtschaftsaufschwungs wuchsen. Schnell vertieften sich auch die Disproportionen in der Wirtschaft. Einige wenige moderne Betriebe, die ausschließlich für den Export arbeiteten, standen einer Vielzahl veralteter und vernachlässigter Wirtschaftszweige gegenüber. Besonders betraf dies die Produktion von Grundnahrungsmitteln. Zugunsten der Baumwoll- und Kaffeeproduktion wurde beispielsweise der Anbau von Mais und Bohnen fast vollständig aufgegeben. Grundnahrungsmittel wurden importiert. Damit weitete sich die Abhängigkeit aus, und Länder wie Nikaragua oder El Salvador wurden für Schwankungen auf dem kapitalistischen Weltmarkt immer anfälliger. Diese Disproportionen wie auch der immense jährliche Kapitalabfluß erhielten ebenfalls die Rückständigkeit. Bis heute zeugen davon die geringe Zahl moderner Großbetriebe, die hohe Analphabetenquote – oft über 50 Prozent der erwachsenen Bevölkerung – und besonders die Unfähigkeit der Nationalwirtschaften, die Arbeitskräfte zu absorbieren. So hätten allein zwischen 1970 und 1975 aufgrund des Bevölkerungswachstums etwa 800 000 Arbeitsplätze zur Verfügung gestellt werden müssen. Die Unternehmer boten jedoch lediglich 170 000 Jugendlichen Arbeit.

Die ausschließlich von Profitgier bestimmte Wirtschaftsentwicklung offenbarte vor allem auf dem Land ihre negativen Folgen. Von Jahr zu Jahr erhöhte sich die Konzentration des Bodens in den Händen einiger weniger Großgrundbesitzer, die sich allmählich in Agrarkapitalisten verwandelten. Sowohl auf ihren Besitzungen als auch auf den großen Plantagenkomplexen der ausländischen Monopolgesellschaften arbeiteten nun mehr qualifizierte Arbeitskräfte, und es wurden verstärkt moderne Technik, Düngemittel und Insektizide eingesetzt. Die Folge war eine Steigerung der Agrarproduktion bei gleichbleibendem, meist aber sinkendem Arbeitskräftebedarf. Aufgrund dieser Tatsache und da Landarbeiter und kleine Bauern kaum noch Boden kaufen oder pachten konnten, kam es seit den 50er Jahren in den ländlichen Gebieten zu einer raschen Massenverelendung. Da auch der Bedarf an Arbeitskräften in den vergangenen Jahren um die Hälfte zurückging, nimmt seit den 70er Jahren die Massenarbeitslosigkeit auf dem Land zu. In El Salvador zum Beispiel betrug der Anteil der als landlos eingestuften Personen an der gesamten ländlichen Bevölkerung 1961 noch 11,8 Prozent, stieg aber bis 1980 auf etwa 65 Prozent an.

Der wohl sichtbarste Ausdruck des Massenelends ist seit Jahren die Abwanderung vieler Landbewohner in die städtischen Zentren. Die Hoffnung, hier Arbeit zu finden und wieder wohlhabend zurückzukehren, erwies sich für die meisten recht bald als trügerisch. Auch in den Städten wächst seit den 60er Jahren kontinuierlich die Arbeitslosigkeit. Hunger und Armut sind auch hier nicht abzuschütteln. Riesige Elendsviertel zählen zum charakteristischen Bild der Großstädte. Ihre Bewohner fristen ein tristes und erbärmliches Dasein durch Kleinsthandel, Dienstleistungen, Gelegenheitsarbeit oder sind zur Prostitution und Kriminalität gezwungen.

Das eng begrenzte ökonomische Wachstum verstärkte nicht nur die Massenarmut, auch die Gewaltherrschaft einiger weniger Großgrundbesitzer und Kapitalisten wurde in den 70er Jahren immer brutaler. In Nikaragua, El Salvador und Guatemala wuchs trotz Terror der Volkswiderstand, gingen mehr und mehr Patrioten und Revolutionäre in die Illegalität und wandten sich dem bewaffneten Widerstand zu. Selbst innerhalb der kleinen Schicht von Unternehmern und Millionären verloren die Diktatoren ihre Unterstützung. Besonders die neuen Bourgeoisiefraktionen drängten nach mehr Demokratie, nach strukturellen Reformen und einer Verbesserung der Lage der Werktätigen, um auf diesem Weg das Ausbeutungssystem wieder zu stabilisieren und günstigere Kapitalverwertungsbedingungen zu schaffen. Diktatoren wie Somoza in Nikaragua oder Romero in El Salvador lehnten ein solches Ansinnen jedoch kategorisch ab.

In der zweiten Hälfte der 70er Jahre

war die tiefe Krise der Diktaturregime offenkundig. In den Jahren 1974/75 wurden die Zentren der kapitalistischen Welt von einer tiefen Überproduktionskrise ergriffen, und Staaten wie die USA reduzierten drastisch ihre Importe aus den Entwicklungsländern; in der Folge davon brachen die abhängigen Wirtschaften überall in Mittelamerika fast zusammen. Besonders in den Diktaturregimen brach eine tiefe Wirtschaftskrise aus, und es kam zu einer weiteren rapiden Verelendung breitester Bevölkerungsschichten. Die abhängigen Wirtschaften kollabierten um so schneller, als ihre einzigen Akkumulations- und Devisenquellen – landwirtschaftliche Exportkulturen wie Kaffee und Bananen – einen schnellen Preisverfall auf dem kapitalistischen Weltmarkt erlebten. Transnationale Konzerne erhöhten gleichzeitig die Preise für Nahrungsmittel, Maschinen und Ausrüstungen, Medikamente und andere Güter, auf deren Import Nikaragua, El Salvador und Guatemala angewiesen waren. Binnen kurzer Zeit führte diese Preisschere zum wirtschaftlichen Niedergang, äußerlich sichtbar im Hochschnellen der Auslandsverschuldung: Während Nikaragua 1970 mit nur 155 Millionen Dollar verschuldet war, stiegen die Schulden bis 1976 auf 1,1 Milliarden Dollar. In El Salvador wuchs die Verschuldung im gleichen Zeitraum von 88 Millionen auf 333 Milliarden Dollar. Die Krise der exportorientierten Wirtschaft wirkte sich schnell auf alle anderen gesellschaftlichen Bereiche aus und traf vor allem die Werktätigen und Ärmsten der Gesellschaft. Die Wirtschaftskrise ruinierte Zehntausende Bauern und kleine Handwerksbetriebe, machte Tausende Intellektuelle arbeitslos und berührte selbst größere kapitalistische Unternehmen. Die Arbeitslosigkeit erfaßte um 1978 zwischen 8 und 15 Prozent der arbeitsfähigen Bevölkerung Mittelamerikas; über fünfzig Prozent der Werktätigen waren unterbeschäftigt. In Ländern wie beispielsweise El Salvador gingen die Reallöhne zwischen 1970 und 1978 um 30 Prozent zurück. Die Wirtschaftskrise verstärkte sich unter den Diktaturregimen noch durch die steigenden Ausgaben für den Repressionsapparat, denn die Diktatoren wollten Hungermärsche und Streiks mit dem Militär und den Todesschwadronen unterdrücken. Schon um 1975 gaben die Machthaber in Managua und Guatemala- Stadt 8 Prozent und in San Salvador 13 Prozent des Staatshaushalts für Zwecke der «Landesverteidigung» aus; ein Prozentsatz, der seitdem jährlich anstieg und 1986 in El Salvador 48,8 Prozent ausmachte. Gewaltsam versuchten in Nikaragua, El Salvador und Guatemala Großgrundbesitzer, ihre Profite aufrechtzuerhalten, indem sie Bauern vertrieben und auf deren Land zusätzlich für den Export produzieren ließen. Es war nur eine Frage der Zeit, bis ein solches Vorgehen in konkrete Widerstandsaktio-

1976: mittelamerikanische Söldner im Einsatz gegen die FSLN

nen des Volkes münden mußte. Für einen Teil der Bevölkerung wurde bald der von den bewaffneten Befreiungsorganisationen wie der FSLN geführte Kampf zum Vorbild. Doch nicht nur ein Anwachsen der bewaffneten Formen des Antidiktaturkampfes deutete die Krise der Herrschaft der Somozas und ihrer Amtskollegen in anderen Ländern Mittelamerikas an. Auch die politischen und gewerkschaftlichen Organisationen der Werktätigen in Stadt und Land nahmen einen großen Aufschwung: In Nikaragua formierte sich 1978 die Jahre zuvor zerschlagene Lehrergewerkschaft neu. In El Salvador und in Guatemala breiteten sich über das ganze Land Komitees aus, in denen sich arme Bauern und Landarbeiter gegen die Willkür der Latifundistas zu organisieren begannen. Deutlich wurde der wachsende Volksprotest auch in den Positionen der Christen. In Ländern wie Nikaragua oder El Salvador, wo über 90 Prozent der Bevölkerung aktive Katholiken sind, begannen sich viele Priester und ihre Glaubensgemeinschaften in Basisgemeinden zu organisieren und bekannten sich zur aktiven Veränderung der Welt. Priester wie Ernesto Cardenal in Nikaragua oder der 1980 von Todesschwadronen gemeuchelte Erzbischof von San Salvador, Oscar Arnulfo Romero, gingen soweit, dem Klassenkampf und dem bewaffneten Befreiungskampf als einer gerechten Form des Ringes der Christen um die bessere und gerechte Welt ihren Segen zu geben. Heute ist charakteristisch, daß Kommunisten und Christen in der vordersten Linie des Befreiungskampfes stehen, sei es bei der Verteidigung der Revolution in Nikaragua oder bei der Abwehr des Mordfeldzuges der Regierungstruppen in El Salvador.

Angesichts der Unfähigkeit der Diktatoren, der Wirtschaftskrise und den wachsenden Massenprotesten wirksam zu begegnen, vertieften sich die Divergenzen in der Ausbeuterschicht. Immer mehr Unternehmer drängten nach flexibleren Formen der Machtausübung, um damit die Massen auf der Straße zu demobilisieren. Die Diktatoren lehnten ein solches Ansinnen jedoch grundsätzlich als staatsgefährdend ab. Sie begannen in der zweiten Hälfte der 70er Jahre selbst Unternehmer in ihrer physischen Existenz zu bedrohen, wenn diese mit den genannten Forderungen auftraten. So ließ im Januar 1978 Somoza Debayle in Nikaragua den großbürgerlichen Zeitungsverleger Pedro J. Chamorro ermorden, als sich dieser öffentlich für freie Wahlen in Nikaragua engagierte.

Die gegen das Volk gerichteten Bajonette der Streitkräfte machten nach 1974/75 in Nikaragua, El Salvador und Guatemala immer deutlicher, daß der Weg in die Freiheit zu diesem Zeitpunkt nur noch über den bewaffneten Kampf führen konnte. Unter den vielfältigen Kräften, die den Diktatoren oppositionell gegenüberstanden, dominierten die bewaffneten Befreiungsorganisationen noch nicht. Doch sie besaßen die besten Voraussetzungen, um sich an die Spitze des Antidiktaturkampfes zu setzen. Ihr konsequenter, mutiger Kampf und ihre Alternativen sprachen immer breitere Bevölkerungsschichten an. Über die FSLN schrieb der kostarikanische Publizist Mario Delgado: «Die Bereitschaft, das eigene Leben für die Befreiung der Heimat hinzugeben, und die Tatsache, daß der Kampfgeist der militärischen Avantgarde auch durch Niederlagen und den Tod von Genossen nicht gebrochen werden konnte, gab dem Volk die Zuversicht, daß die sandinistische Bewegung ... den mutigen, standhaften und unbestechlichen Teil des Volkes darstellt.» Auch das Ansehen der anderen bewaffneten Befreiungsorganisationen in Mittelamerika war im Volk groß. Ende der 70er Jahre übernahmen sie allmählich die Führung im Antidiktaturkampf und leiteten damit einen neuen Abschnitt im nationalen und sozialen Befreiungskampf in Mittelamerika ein.

Nikaragua: Der Sturz der Somoza-Diktatur (Herbst 1977–Sommer 1979)

Mitte Oktober 1977 veröffentlichte das Oberkommando der Nationalgarde Nikaraguas ein Kommuniqué, in dem über einen «Terrorüberfall sandinistischer Banditen» auf San Carlos, Hauptstadt der gleichnamigen Südprovinz, informiert wurde. Nach einem mehrstündigen Feuerwechsel seien die Sandinisten vernichtet beziehungsweise zum Rückzug in Richtung Süden über die kostarikanische Grenze gezwungen worden, nun herrsche wieder «Ruhe und Ordnung» in der Stadt. Den meisten Nikaraguanern war sofort klar: In San Carlos mußte etwas Besonderes vorgefallen sein, denn stets hatte die Nationalgarde bisher Stillschweigen über die Aktivitäten der FSLN bewahrt. So drängte sich vielen Bürgern die Frage nach den wirklichen Vorgängen in San Carlos auf, nach den Gründen, die den Diktator und Oberkommandierenden der Garde, Somoza Debayle, zwangen, diese Stellungnahme abzugeben.

Noch im September hatte der Diktator mit Siegermiene den seit 1975 verhängten Ausnahmezustand aufgehoben und öffentlich die endgültige militärische Zerschlagung der FSLN verkündet. Anlaß dafür waren eine Reihe militärischer Erfolge der Nationalgarde während ihrer zwischen 1975 und 1976 geführten Antiguerillakampagne sowie die Tatsache, daß die Befreiungsfront in drei voneinander relativ unabhängige Ströme aufgegliedert war. Seit 1975 arbeiteten drei Flügel der FSLN: der Langandauernde Volkskrieg (GPP), die Proletarische Tendenz (TP) und die Dritten (Terceristas). Die Existenz dieser drei Flügel der FSLN war aber gerade das Gegenteil einer Niedergangsphase oder einer Krise der Befreiungsfront. Sie war in erster Linie ein Ausdruck der Bemühungen der FSLN, optimale Verbindungen zu den Werktätigen in Stadt und Land zu finden. So konzentrierte sich die GPP beispielsweise auf die ländliche Bevölkerung, die TP auf die Arbeiter in den Städten. Dabei vertraten die einzelnen Flügel zeitweilig unterschiedliche Standpunkte in bezug auf taktische Fragen; in grundsätzlichen strategischen Fragen und in der revolutionären Zielstellung herrschte aber nach wie vor Übereinstimmung. Auch militärisch war die FSLN nicht vernichtet, wenngleich die Truppen des Diktators ihr besonders 1976 eine Reihe empfindlicher Verluste zufügen konnten. In den unwegsamen Bergregionen des Nordostens sammelte sie 1977 erneut ihre Kräfte, um zum gegebenen Zeitpunkt den Kampf wiederaufzunehmen.

Der Angriff der FSLN auf San Carlos riß den Diktator aus seinem Siegesrausch und kündete im ganzen Land von der ungebrochenen Existenz der Befreiungsfront. Nach fast sechsmonatiger Vorbereitung drangen in der Nacht vom 12. zum 13. Oktober 1977 etwa 50 leichtbewaffnete Sandinisten in San Carlos ein, stürmten in einem Überraschungsangriff die Garnison und zwangen die Nationalgardisten, ihre Stellungen aufzugeben. Mehrere Stunden hielten die Kämpfer die Stadt unter ihrer Kontrolle, bevor sie sich unter heftigen Gegenangriffen der eilig verstärkten Nationalgarde in Richtung Süden zurückzogen. Beeindruckend an dieser wie auch an den folgenden Aktionen der FSLN waren ihre perfekte Planung, die hohe Kampfbereitschaft der Sandinisten und ihre Taktik, die es erlaubte, durch einen von mehreren Seiten geführten Angriff mit einfachsten Waffen die vorzüglich gerüsteten Gardisten zu überrennen. In seinem Kommuniqué versuchte der Diktator, das Unternehmen der FSLN in San Carlos als einen Einzelfall und einen verzweifelten Ausbruchsversuch der Sandinisten hinzustellen. Doch schon am 15. Oktober gelangte erneut ein FSLN-Kommando in die dichtbesiedelte Pazifikregion, es hielt nahe der Provinzhauptstadt Ocotal das Dorf Mozonte mehrere Stunden besetzt. Auch hier wurden die Gardisten vertrieben, die FSLN-Kader hielten Bürgerversammlungen ab, auf denen sie über die Ziele der Befreiungsfront informierten. Zwei Tage später griffen Sandinisten Stützpunkte der Nationalgarde in der 45 000 Einwohner zählenden Stadt Masaya an, und vor den Toren Managuas fanden heftige Kämpfe zwischen der Befreiungsfront und der Nationalgarde statt. Jetzt war klar: Die FSLN war militärisch so stark wie nie zuvor und nahm mit einer neuen Taktik den bewaffneten Antidiktaturkampf wieder auf. Das Neue bestand darin, daß die bewaffneten Einheiten der Befreiungsfront nach fast drei Jahren die Berge zu verlassen begannen, um im wirtschaftlichen und politischen Herzen Nikaraguas, in der Pazifikregion, zu operieren. Ihre Angriffsziele waren nicht mehr nur einsam gelegene Garnisonen, sondern die Stützpunkte der Nationalgarde in den großen Städten. Deutlich demonstrierte die FSLN zu diesem Zeitpunkt, daß sie inzwischen die Fähigkeit besaß, «heftig zuzuschlagen, sich danach geordnet zurückzuziehen, erneut Kräfte zu sammeln und dann wieder mit großer Wucht zuzuschlagen», wie der heutige Verteidigungsminister Nikaraguas, Humberto Ortega, im Jahre 1978 schrieb.

Patrioten der FSLN

Die Phase der Kräfteakkumulation

Wenngleich San Carlos eine neue Etappe im Kampf der FSLN einleitete, so stellte diese doch keinen Bruch mit der in den zurückliegenden Jahren praktizierten Strategie dar. Die Erfolge vom Oktober 1977 waren das erste Ergebnis der seit dem Beginn der 70er Jahre von der FSLN verwirklichten Strategie der «Kräfteakkumulation». Dieses Konzept ging unmittelbar auf Sandino zurück. Er sah die «Kräfteakkumulation» als eine unabdingbare Vorstufe des «Revolutionären Volkskrieges» an. Sie sollte die objektiven und subjektiven Voraussetzungen und Bedingungen für den Volkskrieg schaffen: Waffen besorgen, Kampfzellen aufbauen, eine logistische Basis erstellen, der Bevölkerung militärische Kenntnisse vermitteln sowie den Gegner durch bewaffnete Übergriffe demoralisieren und verunsichern. Der Generalsekretär der FSLN, Carlos Fonseca, orientierte zugleich mit Nachdruck darauf, den Prozeß der Vorbereitung des Volkskrieges nicht allein auf die militärische Frage zu reduzieren. Ihm und seinen engsten Mitstreitern war bewußt: Militärische Stärke würde zwar den Sieg über den Diktator beschleunigen – eine Revolution jedoch wäre dies noch lange nicht. Sie setzte vor allem ein hohes, fortschrittliches politisches Bewußtsein und eine vorzügliche Organisiertheit der Werktätigen im ganzen Land voraus. Daher konzentrierte sich die FSLN in der ersten Hälfte der 70er Jahre fast ausschließlich auf Formen der massenpolitischen Arbeit.

Seit 1969 wandte sich die FSLN mit ihrem «Historischen Programm» an die Bevölkerung, vor allem an die Armen der Gesellschaft. In diesem Programm zeigte sie reale Alternativen zum Diktaturregime auf. Eindeutig sagten die Sandinisten: «Die FSLN ist eine politisch-militärische Organisation, deren strategisches Ziel die Ergreifung der politischen Macht durch die Zerstörung des militärischen und politischen Apparates der Diktatur sowie die Errichtung einer revolutionären Regierung auf der Grundlage des Bündnisses von Arbeitern und Bauern und mit der Unterstützung aller patriotischen, antiimperialistischen und antioligarchischen Kräfte des Landes ist.» Ein besonderes Gewicht besaß für die FSLN die Arbeit mit den Bauern und Landarbeitern im Nordosten, wo sich die Segovias erstreckten. Schon vier Jahrzehnte zuvor hatte auch Sandino hier seinen Kampf aufgenommen. Die Sandinisten knüpften bewußt an die im Volk noch lebendigen Widerstandstraditionen an und begannen hier seit 1970 das Operationsgebiet ihrer künftigen bewaffneten Formationen vorzubereiten. Als unabdingbare Garantie für deren Überleben sahen sie die enge Gemeinschaft zwischen Kämpfern und Bauern an. Geduldig klärten die Sandinisten daher die Bauern und Landarbeiter über die Ziele der Befreiungsfront auf, halfen bei der Ernte, beschützten sie, wo es möglich war, vor den Übergriffen der Nationalgarde und der Großgrundbesitzer und brachten vielen geduldig das Lesen und Schreiben bei. Mit jedem Tag festigte sich so das Vertrauensverhältnis. Schon bald waren die Bauern und Landarbeiter bereit, sich dem Kampf der FSLN anzuschließen, und begannen, das Waffenhandwerk zu erlernen. Aber auch in den Städten baute die FSLN ihre Massenarbeit aus. Erste sandinistische Massenorganisationen entstanden, wie die Revolutionäre Studentenfront, über die die Sandinisten künftig großen Einfluß auf die Jugend des Landes besaßen. Ende 1974 sah die FSLN-Führung den Zeitpunkt gekommen, mit dem bewaffneten Widerstand, mit der unmittelbaren «Kräfteakkumulation» zu beginnen. Einer direkten Konfrontation mit der Nationalgarde mußte sie noch weitgehend ausweichen, denn dafür besaß sie weder die Kräfte, noch war die Zeit für den bewaffneten Volksaufstand herangereift. Sie konzentrierte sich also vorerst nur auf die «Kräfteakkumulation»: In den Segovias entstanden Stützpunkte, Waffen wurden entweder von der Garde erbeutet oder, wenn möglich, gekauft. Durch die Gefangennahme führender Köpfe des Regimes wurde die Freilassung politischer Häftlinge erzwungen. Mit bewaffneten Aktionen sollte gleichzeitig der Feind verunsichert und der Bevölkerung der «Volkskrieg» als möglicher Weg zur Überwindung der Diktatur nahegebracht werden.

Am 27. Dezember 1974 leitete die FSLN mit einem kühnen Unternehmen die «Phase der Kräfteakkumulation» ein. Nach mehrmonatiger Vorbereitung besetzte eine Gruppe von 13 Sandinisten, darunter zwei Frauen, in Managua die Villa des Millionärs Castillo und nahm die dort Anwesenden in Gewahrsam. Unter ihnen befand sich die «Créme» der nikaraguanischen Oberschicht – Millionäre, hohe Politiker und Offiziere – sowie Washingtons Botschafter in Managua, Turner Shelton. Wie bei den meisten Aktionen der FSLN war die Bewaffnung der Kämpfer auch damals recht einfach. Ein M-1-Karabiner, mehrere Gewehre vom Kaliber .22 (5,6 mm), verschiedene Pisto-

Mitglieder des FSLN-Kommandos «Juan José Queseda»

len und 6 Handgranaten standen ihnen zur Verfügung. Dennoch konnten sie durch Wagemut und eine geschickte Taktik die zahlreichen Nationalgardisten überlisten.

Bereits zu diesem Zeitpunkt wurde deut-
Bereits zu diesem Zeitpunkt wurde deutlich, wie sehr die Sandinisten durch ihre großen Ideale, durch Opferbereitschaft und Disziplin trotz schlechterer Waffen den Gardisten überlegen waren, die stupide ihren Dienst versahen. Kochend vor Wut mußte der Diktator um Mitternacht zur Kenntnis nehmen, daß er seine Truppen nicht die Villa stürmen lassen konnte, wollte er nicht das Leben seiner engsten Freunde und Vertrauten gefährden. Ergebnislos verlief im Oberkommando eine Krisensitzung nach der anderen; tatenlos verharrten 250 Scharfschützen vor der Villa. Mehrere Tage versuchte der Diktator zu taktieren, um doch noch eine militärische Lösung des Problems zu finden. Schließlich, am 30. Dezember, fügte sich Somoza Debayle den Forderungen des Kommandos. Für seinen Rückzug hatte es die sofortige Freilassung politischer Häftlinge, ein Lösegeld von einer Million US-Dollar und – was dem Diktator am meisten widerstrebte – die Verlesung einer Botschaft der FSLN über alle Rundfunk- und Fernsehsender des Landes gefordert. Unter den freigekämpften Patrioten befanden sich der heutige Präsident Nikaraguas, Daniel Ortega, und der gegenwärtige Chef des Sandinistischen Staatssicherheitsdienstes, Lenin Cerna. Neben der Auszahlung der geforderten Geldsumme, die in den nächsten Monaten zum Erwerb moderner Schützenwaffen verwendet wurde, war die über alle Rundfunksender und Fernsehkanäle verlesene «Botschaft der FSLN an das nikaraguanische Volk» ein weiterer großer Erfolg. Die FSLN durchbrach damit erstmalig das von den Somozas über sie verhängte Schweigen und informierte über Inhalt und Ziele ihrer Aktivitäten. Nicht zufällig erhöhte sich in den folgenden Monaten der Zulauf zur FSLN.

Moralisch und materiell gestärkt, setzte die FSLN 1975 ihre bewaffneten

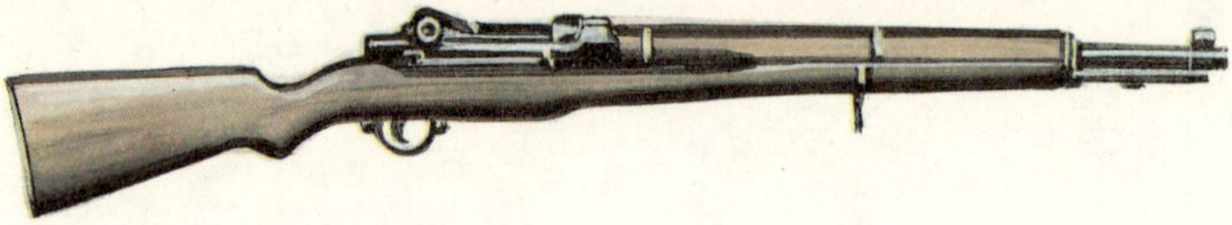

Selbstladegewehr M-1 «Garand»: Das aus den USA stammende halbautomatische Selbstladegewehr M-1 «Garand» fand nach dem 2. Weltkrieg Eingang in die Bewaffnung zahlreicher lateinamerikanischer Armeen. Länge: 1,10 m; Masse: 4,65 kg (ohne Bajonett, ungeladen); Kaliber: .30 (7,62 mm); Fassungsvermögen des Magazins: 8 Geschosse

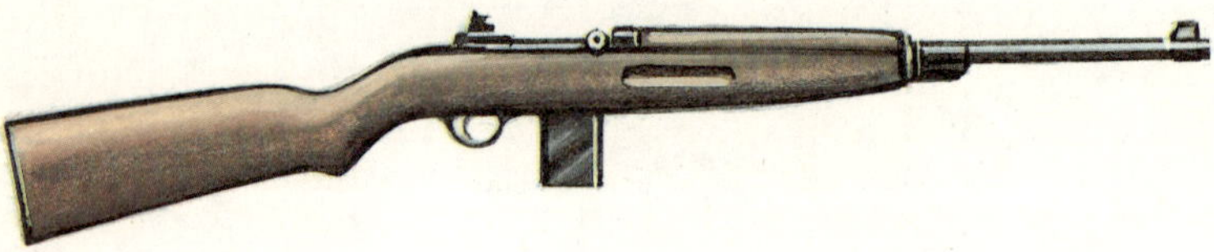

Karabiner M-1 (USA): Diese automatische Schützenwaffe ist mit einer Diopter-Zielvorrichtung ausgerüstet. Länge: 0,90 m; Masse: 2,5 kg (ungeladen); Magazin für 15 Geschosse; Kaliber: .30 (7,62 mm)

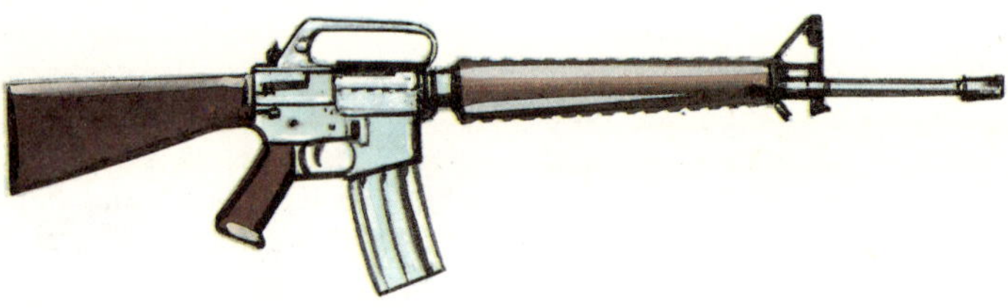

Sturmgewehr M-16 (USA): Diese 1966 im Vietnamkrieg erstmalig eingesetzte Waffe gehört zur Standardbewaffnung der Armeen von Honduras und El Salvador und wird als Beutewaffe auch in den militärisch-politischen Organisationen in größerem Umfang geführt. Länge: 0,99 m; Masse: 3,180 kg (ungeladen); Kaliber: .22 (5,56 mm); Fassungsvermögen des Magazins: Standardgrößen mit 20 und 30 Geschossen

Sturmgewehr AK-47 «Kalaschnikow»: Diese in der Sowjetunion entwickelte automatische Schützenwaffe erfuhr weltweite Verbreitung und gehört zur Standardausrüstung der Sandinistischen Volksarmee in Nikaragua. Länge: 0,87 m (ohne Bajonett): Masse 4,3 kg (geladen); Kaliber: 7,62 mm; Fassungsvermögen des Magazins: 30 Geschosse

Operationen fort. Nun war sie vor allem in den Segovias tätig, um dort allmählich «befreite Zonen» zu schaffen, das heißt Gebiete, in denen sie weigehend unbehelligt von der Nationalgarde und anderen Sicherheitskräften ihre Stützpunkte anlegen und ausbauen konnte. Eine wichtige Voraussetzung war daher die schrittweise Säuberung der Region von Nationalgardisten und verräterischen Elementen wie Spitzeln und somozatreuen Staatsangestellten.

Obwohl die einzelnen FSLN-Flügel ihre speziellen Operationsgebiete besaßen, waren sie durch die von Fonseca Amador geführte Nationalleitung verbunden. Allerdings war das nicht die optimale Form, so daß es der Nationalgarde während der Antiguerillaoffensive 1976 gelang, die FSLN-Flügel zeitweilig voneinander zu isolieren und aus den dichtbesiedelten Gegenden zurückzudrängen. Am 7. November 1976 fiel Carlos Fonseca Amador, der Generalsekretär der FSLN in einem Gefecht. Sein Tod wog schwer, denn mit ihm verlor die FSLN eine ihrer wichtigsten Führungspersönlichkeiten. Auch durch neue Taktiken der Nationalgarde gerieten die FSLN-Einheiten in große Bedrängnis. Seit 1975 verfügte die Garde über spezielle Antiguerillabataillone (EEBI), die in den USA ausgebildet und häufig auch von nordamerikanischen Instrukteuren angeleitet wurden. Aus dem Vietnamkrieg übernahmen sie den «gestaffelten Hinterhalt»: Eine kleine Vorausabteilung verwickelte den Gegner in Gefechte und lockte ihn aus seiner Stellung heraus, um ihn dann mit voller Schlagkraft der nachfolgenden Truppe zu vernichten. Dutzende Sandinisten fielen dieser Taktik anfangs zum Opfer. Auch die moderne Technik – Helikopter und Funkgeräte – trug zur Überlegenheit der EEBI bei und machte sie zu einer äußerst schlagkräftigen und mobilen Truppe. Daher zogen sich die Einheiten der FSLN 1976/1977 weit in die Wälder und Berge zurück, so daß die Garde ihre Spezialtruppen in diesem unwegsamen Terrain nicht mehr optimal zum Einsatz bringen konnte und diese ihre Überlegenheit einbüßten. Gleichzeitig bedienten sich nun auch die Sandinisten des «gestaffelten Hinterhalts».

Der Volkswiderstand wächst

Im Oktober 1977 zeigte sich die FSLN wieder erstarkt. Wenige Monate später, Anfang 1978, gelang es ihr, die ersten «freien Zonen» in den Segovias zu bilden. FSLN-Kommandos waren nun auch überall im Lande präsent, so in der Hauptstadt Managua, auf den Plantagen der Pazifikregion und in den Wäldern im Nordosten. Die militärischen Erfolge der FSLN ließen sich jedoch nicht allein auf geschickte Operationen ihrer Formationen zurückführen. Sie widerspiegelten vielmehr den großen Aufschwung der Antidiktaturbewegung, von dem Nikaragua seit dem Herbst 1977 erfaßt wurde.

Noch im Oktober 1977 versuchten bürgerliche Oppositionspolitiker, darunter der Patriot und Herausgeber der Tageszeitung «La Prensa», Pedro Joaquím Chamorro, den Diktator zu bewegen, zurückzutreten und Wahlen abhalten zu lassen. Somoza Debayle lehnte jedoch kategorisch ab und ließ Chamorro am 10. Januar 1978 auf offener Straße erschießen. Mit Chamorro wurden auch alle Hoffnungen der Nikaraguaner auf einen friedlichen Machtwechsel in Managua zu Grabe getragen. Im Antidiktaturkampf setzte nunmehr ein nicht mehr abbrechender Prozeß der Radikalisierung der Bevölkerung ein. Zehntausende folgten dem Sarg Chamorros und forderten den Rücktritt des Diktators, nicht wenige bekannten sich während der Trauerfeier offen zur FSLN. Am 23. Januar traten die Werktätigen des Landes in einen politischen Generalstreik, den die Unternehmer jedoch am 7. Februar abwürgten. Zwar stand die Mehrheit der Unternehmer ebenfalls in

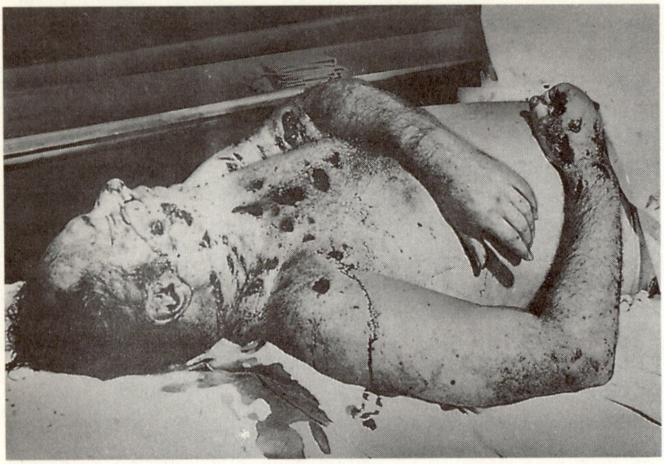

Die Leiche des bürgerlichen Oppositionspolitikers P. J. Chamorro

Opposition zum Terrorregime Somozas, sie wünschten jedoch keine Volksrevolution. Diese Inkonsequenz der Bourgeoisie machte vielen Nikaraguanern deutlich, daß sie von ihnen keine Führung beim Sturz des verhaßten Diktators erwarten durften. Immer mehr kristallisierte sich der Kampf der FSLN als einzige reale Alternative zum bestehenden Regime heraus, und so wuchs der Zustrom der Bürger in die Reihen der FSLN mit jedem Tag.

Anfang Februar 1978 demonstrierten die Einheiten der FSLN erneut ihre Handlungsfähigkeit. Sie griffen, wie im Oktober, mehrere Städte an, darunter die Provinzhauptstädte Rivas und Granada. In Santa Clara zerstörten sie eine Basis der EEBI und engten damit den Operationsradius dieser Spezialtruppen in den Segovias drastisch ein. Nun konnten sie mit der Bildung der Nordfront «Carlos Fonseca Amador» beginnen, wo in den kommenden Monaten Tausende Nikaraguaner im Gebrauch der Waffen unterwiesen wurden.

Die militärischen Erfolge der FSLN spornten viele Bürger an, der Nationalgarde offen Widerstand zu leisten. In der Hoffnung, mit ihrer Aktion einen landesweiten Volksaufstand einzuleiten, erhoben sich am 19. Februar die 20000 Einwohner von Monimbó, dem indianischen Elendsviertel Masayas. Doch sie mußten die bittere Erfahrung machen, daß zwar der Wille zum Widerstand weit verbreitet war, die organisatorischen Voraussetzungen für den Aufstand jedoch noch in den Kinderschuhen steckten. Monimbó blieb isoliert. Nur Einheiten der FSLN unter der Führung Camilo Ortegas konnten den Indios innerhalb weniger Tage zu Hilfe eilen. Obwohl sie sich hier mit den spontan gebildeten Milizen in Verbindung setzten, gelang den Sandinisten eine Führung des Aufstandes in so kurzer Zeit nicht mehr. Am 26. Februar drang die Nationalgarde mit Unterstützung von Hubschraubern, Panzerfahrzeugen und mobilen Terrorkommandos in Masaya ein und schlug den Aufstand brutal nieder. Hunderte von Menschen wurden niedergemetzelt, darunter auch das FSLN-Kommando. Aber mit Monimbó war weder die Antidiktaturbewegung noch die FSLN zerschlagen. Schon am 8. März bewies ein Spezialkommando die Handlungsfähigkeit der FSLN, als es in Managua Reynaldo Perez Vega, den Befehlshaber der Truppen, die Masaya gestürmt hatten, hinrichtete. Monimbó gab der FSLN wie allen anderen Diktaturgegnern jedoch zu denken. Im April 1978 zog die Führung der FSLN in einem an alle Mitglieder der Front gerichteten Schreiben Bilanz über den revolutionären Aufschwung seit dem Herbst 1977. Angesichts der vielfältigen Formen des Widerstandes der Bevölkerung gegen das Diktaturregime, die schon teilweise in den bewaffneten Aufstand mündeten, sah die FSLN jetzt Nikaragua am Vorabend der Volksrevolution. Die Etappe der «Kräfteakkumulation» ging zu Ende. Nun galt es vor allem, den spontanen, unorganisierten Charakter der Antidiktaturbewegung zu überwinden und das Volk für den bewaffneten Aufstand allseitig vorzubereiten. Neben dem Ausbau ihrer militärischen Strukturen und Schlagkraft sah die FSLN daher als nächste Aufgabe die Intensivierung ihrer Massenarbeit an. Vor allem mußte das Volk erkennen, daß der Sturz des Diktators allein nicht unbedingt das Regime beseitigen würde, sondern nur eine Volksrevolution der Ära der Terrorregime für immer ein Ende setzen konnte. Nur so wäre es möglich, die Versuche der einheimischen Großbourgeoisie und des USA-Imperialismus, das Ausbeutungssystem mittels kosmetischer Operationen zu retten, zu vereiteln. Ebenso strebte die sandinistische Befreiungsfront jetzt verstärkt die organisatorische Zusammenfassung der vielfältigen, aber noch isoliert voneinander agierenden Antidiktaturkräfte in einem einheitlichen und unter ihrer Führung stehenden Volksblock an.

Seit dem Frühjahr gingen die Sandinisten erneut in die Betriebe, Schulen, Universitäten, mischten sich auf den Märkten unter die Bevölkerung und verstärkten ihre Kontakte zu den Bauern und Landarbeitern in allen Teilen des Landes. Auch mit vielfältigen politischen Bewegungen Nikaraguas nahm die FSLN Gespräche über die Bildung von Bündnissen auf.

Die Sandinisten wußten, daß ihre

Straßenkampf

Bündnispolitik nur dann erfolgreich wäre, wenn sie selbst einheitlich aufträten. So gründeten sie im Juli 1978 eine Koordinierungskommission. Ihr oblag neben einer Vertiefung der Kontakte zwischen den FSLN-Flügeln auch der Beginn der Umwandlung der militärpolitischen Organisation in eine revolutionäre Partei. Die Einheit der FSLN überzeugte viele politische Kräfte von der Möglichkeit, sich fest zusammenschließen zu können. Noch im Juli riefen sie die Bewegung Vereintes Volk (MPU) ins Leben, ein Linksbündnis, dem 22 politische Organisationen und Parteien angehörten. Die FSLN selbst besaß durch ihre Massenorganisationen, wie die Revolutionäre Studentenfront und den Frauenverband Luisa Amanda Espinoza, richtungweisenden Einfluß in der MPU. Mitglied der MPU wurde auch ein nicht unbedeutender Flügel der Sozialistischen Partei Nikaraguas (PSN), die 1944 gegründete Partei der Kommunisten. Da sich das Konzept der FSLN in der Praxis hervorragend bewährte, hatte der von A. Ramirez geführte Flügel die Strategie der PSN eines friedlichen Machtwechsels in Managua einer eingehenden Kritik unterzogen. Im Ergebnis dessen schloß er sich mit seinen Genossen dem Kampf der FSLN an. Seit dem Sommer 1978 begann die Gruppe um Ramirez ebenfalls bewaffnete Abteilungen zu bilden und gemeinsam mit der FSLN und MPU die Bevölkerung auf die Endoffensive vorzubereiten. Der andere Flügel der PSN beteiligte sich nicht direkt an den bewaffneten Aktionen, unterstützte aber mit seinem Einfluß in der Gewerkschaftsbewegung die Vorbereitung des Generalstreiks, der gemeinsam mit dem Volksaufstand das Diktaturregime hinwegfegen sollte.

Den Sandinisten war klar, daß sie über die MPU nur einen Bruchteil der Bevölkerung erreichen konnten, da die MPU eben nur ein Zusammenschluß von Organisationen und Parteien war. Die Mehrheit der Nikaraguaner aber war unorganisiert und besaß oft nicht einmal die minimalsten politischen Erfahrungen. Den Gewerkschaften gehörten in den Städten etwa 8 Prozent der Werktätigen und auf dem Land lediglich 0,5 Prozent an. Aus diesem Grund suchte die FSLN schon seit Jahren nach anderen Organisationsformen für die politisch unerfahrenen Kräfte. Das Studium internationaler Erfahrungen, insbesondere der kubanischen Revolution, zeigte ihr den Weg zu Verteidigungskomitees und Milizen. Seit 1978 entstanden unter Anleitung der FSLN und der in der MPU vertretenen Organisationen und Parteien im ganzen Land Komitees: in den Betrieben die Revolutionären Arbeiterkomitees, in den Dörfern die Komitees der Landarbeiter und in den Wohngebieten die zivilen Verteidigungskomitees. Im Herbst 1978 sandte die FSLN angesichts der bevorstehenden «Endoffensive» erfahrene Kämpfer der Nordfront in die Städte und Dörfer der Pazifikregion, um die Bevölkerung bei der Bildung bewaffneter Milizen anzuleiten. Komitees und Milizen besaßen den Vorteil, daß sie durch die Lösung konkreter Probleme, wie der Organisierung der Verteidigung der Bürger gegen die Nationalgarde, die persönliche Motivierung und den politischen Lernprozeß des einzelnen beschleunigten. So berichtete ein Nikaraguaner: «Als ich mich in die Vereinigung der Familienväter einreihte, hatte ich nur ein Ziel – die Verteidigung meiner Kinder. Aber Schritt für Schritt und angesichts des somozistischen Terrors verstand ich wie alle, daß das, was wir in Nikaragua brauchten, ein Wechsel des Systems war. Viele Väter denken wie ich, aber nicht, weil wir Bücher gelesen haben, sondern weil es uns die Wirklichkeit lehrte.» Bereits 1978 gelang es der FSLN mittels Komitees und Milizen, viele Nikaraguaner aus der Passivität und Lethargie zu reißen, ihnen Selbstbewußtsein und Vertrauen zu geben und sie an den Widerstandskampf heranzuführen.

Der Septemberaufstand

«Gesucht werden Ex-Marinesoldaten und kampffähige Veteranen zur Hilfe im Kampf gegen den Kommunismus, der die Macht in Zentralamerika übernehmen will. Sold: 1 000 Dollar monatlich und freie Rückflugkarte nach Nikaragua.» Anfang September 1978 erschien diese Annonce in einer renommierten Zeitschrift im USA-Bundesstaat New Mexiko. Auftraggeber war der nikaraguanische Diktator Somoza Debayle. Was war geschehen, daß der Diktator nun plötzlich im Herbst 1978 seine etwa 10 000 Nationalgardisten durch Kontingente teurer ausländischer Söldner erweitern mußte? Offensichtlich reichten die Garde und die anderen Sicherheitskräfte nicht mehr aus. Trotz willkürlicher Verhaftungswellen, ausgeklügelter Terror- und Foltermethoden und gestiegener Aktivitäten der Todesschwadronen schlossen sich seit dem Frühjahr 1978 von Monat zu Monat mehr und mehr Bürger dem Antidiktaturkampf an. Während noch 1977 ein offenes Bekenntnis zur FSLN eher die Ausnahme denn die Regel war, wurde nun der Ruf Zehntausender nach revolutionären Umwälzungen unter Führung der Sandinisten täglich lauter. Als am 5. Juli die politischen Sprecher der Sandinistischen Befreiungsfront – die 1977 von fortschrittlichen Intellektuellen, Priestern und selbst Unternehmern gegründete «Gruppe der 12» – demonstrativ aus dem Exil nach Managua zurückkehrten, wurde dieser Tag zu einem Tag des Bekenntnisses der Bevölkerung zur FSLN und zu deren revolutionärer Zielsetzung. Zwei Wochen später, am 19. Juli, forderten die Werktätigen Managuas mit einem 24stündigen Generalstreik das Ende des Regimes. Vergeblich versuchte die Nationalgarde auf Befehl Somoza Debayles im Sommer Streikende und Demonstranten mit Waffengewalt auseinanderzutreiben. Die Situation im ganzen Land war äußerst gespannt. Der Angriff eines FSLN-Kommandos auf den

Nationalpalast, Sitz des nikaraguanischen Parlaments vor 1979

Comandante Dora Maria Tellez (rechts), eine der Organisatoren der FSLN-Aktion vom August 1978

Nationalpalast in Managua am 22. August war gleich einem Brandsatz, der die Fackel des Widerstands heftig auflodern ließ. Wie 1974 gelang es auch diesem 25köpfigen Kommando, mit einem Überraschungsangriff das riesige Gebäude im Zentrum der Hauptstadt zu besetzen und rund 1000 Personen in Gewahrsam zu nehmen, darunter den Innenminister Mora Rostran und die meisten Abgeordneten Nikaraguas. Zur Bewaffnung des Kommandos zählten zwei 7,62-mm-MG, 20 Garand-Gewehre, eine Browning-Pistole, 50 Handgranaten und je Kämpfer 300 Schuß Munition. Nur 90 Personen behielt das Kommando in seiner Hand und machte deren Freilassung von der Auslieferung politischer Gefangener, einem hohen Lösegeld und einer über alle Sender auszustrahlenden Botschaft der FSLN abhängig. Auch dieses Mal mußte der Diktator akzeptieren: 58 Häftlinge, darunter der heutige Innenminister Nikaraguas Tomás Borge, wurden nach Panama ausgeflogen, die Botschaft der FSLN wurde verlesen, und es wurden 500000 US-Dollar gezahlt. Der erfolgreiche Handstreich der Sandinisten mobilisierte Tausende Nikaraguaner, die bereits die letzten Tage der Diktatur kommen sahen. Zehntausende begleiteten unter großem Jubel das Kommando und die befreiten Häftlinge zum Flugplatz Managuas. Am 25. August erschütterte erneut ein großer Generalstreik die Städte Nikaraguas, mit dem Arbeiter und Angestellte ihre Sympathie für die FSLN zum Ausdruck brachten. Wenige Tage später eskalierte die Unzufriedenheit der Bevölkerung in einem machtvollen Volksaufstand, der die großen Städte der Pazifikregion erfaßte: Matagalpa, León, Chinandega, Estelî und erneut Masaya. Mit Macheten, einfachen Jagd- und Sportwaffen, selbstgebauten Gewehren und anderen improvisierten Waffen stürmten Männer, Frauen, Kinder und Greise gegen die Nationalgarde an, die sich angesichts dieser Entwicklung vorerst aus vielen Städten zurückzog. Etwa 150 erfahrene Kämpfer der FSLN eilten der Bevölkerung zu Hilfe und begannen weitere Milizen zu formieren. Auch erste Selbstverwaltungsorgane nahmen ihre Arbeit auf.

In dieser für ihn kritischen Situation entschloß sich der Diktator, Söldner im Ausland anzuwerben und seine Verbündeten, USA und Israel, um Hilfe zu bitten. Innerhalb weniger Tage kamen über 1500 Exil-Vietnamesen, Exil-Kubaner, ehemalige US-Ranger und andere berufsmäßige Killer nach Nikaragua und verstärkten die Garde. Nachts luden Soldaten in den Häfen entlang der Pazifikküste eiligst Waffen aus, darunter 5000 M-16-Sturmgewehre.

Anfang September fühlte sich der Diktator wieder stark genug, um nun gegen die «Aufständischen» loszuschlagen. Konzentriertes Panzer- und Geschützfeuer sowie Luftangriffe von Kampfflugzeugen und Hubschraubern aus ließen die nur schwach verteidigungsfähigen Städte innerhalb weniger Tage in Schutt und Asche versinken. Die nachfolgende Einnahme der Städte war vor allem ein Hinmetzeln wehrloser Zivilisten. Nicht zufällig befahl der Diktator äußerst grausames Vorgehen: Ein für allemal sollte der Bevölkerung eine Lehre erteilt werden. Patrioten gelang die Aufzeichnung eines Telefonats zwischen Oberst Corrales, Befehlshaber der Truppen, die Chinandega stürmten, und Oberst Somoza, Sohn des Diktators und Mitglied des Oberkommandos der Nationalgarde. Dieses Telefongespräch beweist, daß das Militär bewußt die Vernichtung von wehrlosen Zivilisten bei der «Aufstandsbekämpfung» in Kauf nahm:

«C: Hör noch mal. hast Du gehört, daß wir Chinandega mit allem, was wir hatten, bombardiert haben?

S: Was ist passiert?

C: Gut, ja ... Sie waren im Norden der Stadt zwischen der alten Brücke und dem Flugplatz El Picacho, als wir Verstärkung dahin schickten. Unsere Leute kamen nicht durch, sie haben uns höllisch zugesetzt ... Und dann – sie waren unter einem starken Angriff und das Kommando bat um Hilfe – da habe ich Porras (ein Offizier der Nationalgarde – d. Verf.) gesagt: Machen wir's mit Flugzeugen ...

S: O je, dann müssen sie verflucht große Verluste gehabt haben ...

C: ... Wir haben zwei Stunden alles runtergejagt, was wir hatten, mit zwei Jets 11:47, Maschinengewehren, den Arawas (israelische Flugzeuge – d. Verf.) ...

S: Dann ist jetzt Ruhe in Chinandega?

C: Sie haben's mit der Angst gekriegt, und sie liefen ... Die Leute sind ins Sta-

Tod und Zerstörung bestimmten das Bild in vielen nikaraguanischen Städten seit dem Herbst 1978

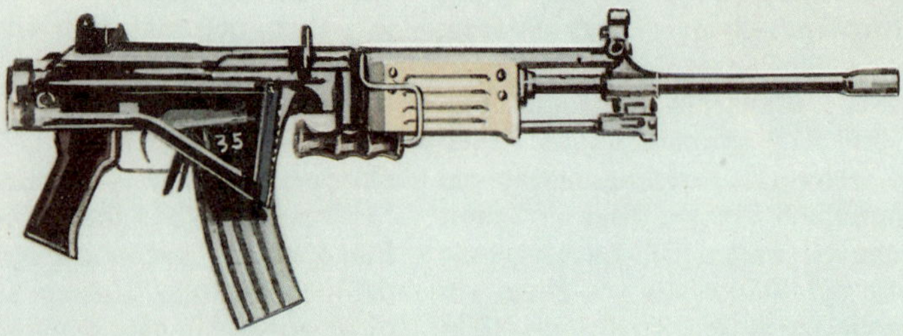

Sturmgewehr «Galil»: Das israelische Sturmgewehr «Galil» ist die Standardschützenwaffe der Streitkräfte Guatemalas und ersetzte weitgehend den Karabiner M-1 «Garand». Länge: 0,98 m (Standardvariante mit aufgeklapptem Kolben) bzw. 0,74 m (mit abgeklapptem Kolben); Masse: 3,9 kg (ungeladen); Kaliber: .30 (7,62 mm); Fassungsvermögen des Magazins: Es existieren Ausführungen für 20, 35 und 50 Geschosse

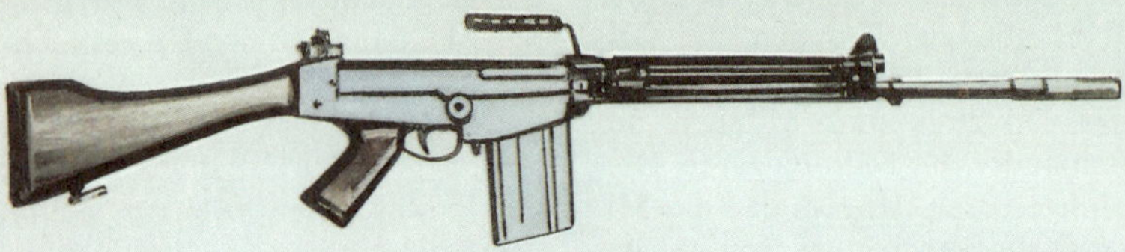

Sturmgewehr FN FAL: Weltweit verbreitete automatische Schützenwaffe FN FAL, die – ursprünglich belgischer Herkunft – heute in vielen Ländern und in zahlreichen Varianten in Lizenz produziert wird und auch zur Bewaffnung mittelamerikanischer Streitkräfte gehört. Länge: 1,10 m (Standardvariante); Masse: 4,25 kg; Kaliber: .30 (7,62 mm); Fassungsvermögen des Magazins: 20 Geschosse

MG Browning .50 M2HB: Eine seit dem 2. Weltkrieg in vielen Ländern verbreitete Waffe der Infanterie, die in verschiedenen Varianten auch in Flugzeuge eingebaut oder auf Fahrzeuge montiert wurde. Länge: 1,65 m; Masse: 55 kg (mit Lafette); Kaliber: .50 (12,7 mm)

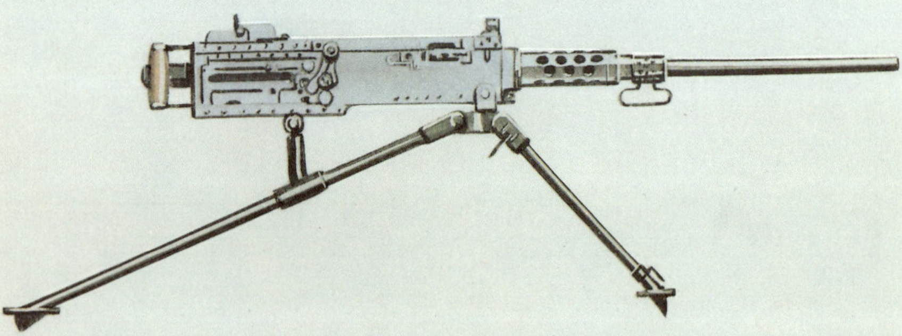

dion geflohen, und im Stadion haben wir sie bombardiert.
S: Morgen kommen wir auch, heute haben wir ja unseren Eintritt gemacht.»
Wie es nach diesem «Eintritt» in Chinandega aussah, schilderte Tage darauf eine Krankenschwester: «Chinandega ist völlig zerstört. Es gibt eine Menge Tote. Die Soldaten haben alles bombardiert und alles zerstört. Sie haben ganze Familien ge-

tötet ... Es gibt viele Flüchtlinge, in der Mehrzahl arme Leute. Sie leben in einem traumaähnlichen Zustand ... Heute gab es gräßliche Szenen auf der Straße: Hunde, die Tote zerfleischten, Massengräber in Höfen und in den Straßen viele brennende Leichen.»

Der Plan der Endoffensive

Erneut war es dem Diktator gelungen, den Volksaufstand abzuwürgen. Doch zu welchem Preis! 5000 tote Zivilisten, 10000 Verwundete, 25000 Obdachlose und der vollständige Zusammenbruch der Wirtschaft – dies war das Ergebnis der «Befriedungsaktion». Die Kluft zwischen dem Diktator und dem Volk vertiefte sich nach diesem September rapide. Jetzt begannen sich selbst großbürgerliche Kräfte der FSLN zuzuwenden, um einen alles vernichtenden Amok des Diktators zu verhindern. Auch international nahm die Isolierung des Somoza-Regimes weiter zu. Regierungen wie die Großbritanniens brachen aus Protest gegen die Massaker ihre diplomatischen Beziehungen ab. Andere Länder, insbesondere Kostarika, stellten den Sandinisten jetzt offen ihr Staatsterritorium für die Vorbereitung des Sturzes der Diktatur in Nikaragua zur Verfügung. Damit waren im Herbst 1978 günstige äußere Bedingungen für die Volksrevolution entstanden.

Der Terror der Nationalgarde hatte im September das militärische Potential der FSLN nur schwach berührt. Ihre Hauptmacht stand nach wie vor in den Bergen, in die die EEBI nur noch selten und unter großen Verlusten eindringen konnten. Ende 1978 entstanden hier weitere «befreite Zonen», die durch den Sender «Radio Sandino» und das im Dezember gebildete «Einheitliche Oberkommando» der FSLN in engem Kontakt standen. In den «Zonen» bereiteten die Sandinisten seit Herbst 1978 die Endoffensive, den «Revolutionären Volkskrieg», schrittweise vor: Waffen und Munition wurden hergestellt, gelagert, beziehungsweise ausgeteilt und Tausende Bürger, die illegal in die Segovias kamen, im Waffenhandwerk unterwiesen. Aber auch auf der bündnispolitischen Ebene intensivierte die FSLN ihre Anstrengungen. Der September hatte deutlich gezeigt, wie sehr der bewaffnete Befreiungskampf von der Einheit und Organisiertheit der Gegner Somozas abhing. Im Februar 1979 gelang es der FSLN und der MPU, das breiteste patriotische Bündnis in der Geschichte des Landes zu gründen: die Patriotische Front Nikaraguas (FPN). Auch mit der bürgerlichen Opposition erreichte die FSLN im Frühjahr 1979 eine lose Kooperation. Gleichzeitig baute sie die Komitees und Milizen weiter aus, so daß sie Anfang 1979 bereits das ganze Land wie ein dichtes Netz überzogen. Noch im Herbst 1978 legte das Oberkommando der FSLN den endgültigen Plan der Endoffensive vor. Er war von Humberto Ortega ausgearbeitet worden. Seit Beginn der 70er Jahre war er der bedeutendste Militärstratege der Befreiungsfront. Schon 1974 umriß er in einem Zeitschriftenaufsatz die Grundlinien der Endoffensive. Ortega ging wie Fonseca Amador davon aus, daß der Sturz des Diktators nicht allein mit der Waffe erreicht werden konnte. Auch er sah die politische Aktivität des Volkes als Grundbedingung für den Sieg der bewaffneten Formationen an. In seinen Arbeiten ging Ortega von zwei Formen der revolutionären Bewaffnung aus: den regulären Streitkräften der FSLN und den Milizen, die gemeinsam während der Endoffensive vorgehen sollten. Als logistische Basis konzipierte er langfristig die vielfältigen in der Bevölkerung entstandenen Komitees. Seinem endgültigen Plan der Endoffensive legte er vor allem eine kritische Auswertung der Ereignisse vom September zugrunde. Ortega hob hervor, daß das Regime zwar wirtschaftlich und politisch ruiniert sei – militärisch aber noch ein gewaltiges Po-

Das Volk erhebt sich im Juni 1979

tential besitze. Daher unterstrich er die Notwendigkeit, in der Anfangsphase der Endoffensive vorerst massive offene Kampfhandlungen zu meiden. Vielmehr sollte der Gegner im ganzen Land durch eine Vielzahl von Übergriffen zersplittert, geschwächt und verunsichert werden, um ihn dann mit konzentrierten Schlägen endgültig zu vernichten. Dementsprechend enthielt der Plan der Endoffensive drei Momente:

1. Die Kampfhandlungen der regulären FSLN-Kräfte an den militärischen Frontabschnitten. Von hier aus sollte das flache Land kontrolliert und zum Sturm auf die Städte der Pazifikregion angetreten werden. Eine besondere Bedeutung wurde der Südfront beigemessen: Sie konnte als einziger Abschnitt regelmäßig von FSLN-Kämpfern von außen, das heißt von Kostarika aus, versorgt werden und hatte so die Hauptkraft der Spezialbataillone der Garde zu binden.

2. In engem Wechselspiel mit den Kampfhandlungen der Fronten war der allgemeine Volksaufstand geplant. Seine Führung lag vor allem in der Hand der Milizen. Ziel des Aufstandes war, den Gegner in seinen Zentren zu verunsichern und zu binden. Dort, wo es möglich war, sollte eine Selbstbefreiung erreicht werden, um damit den Vormarsch der regulären FSLN-Kräfte zu beschleunigen.

3. Der Generalstreik, der die Aufgabe hatte, die Wirtschaft zu lähmen und das logistische Netz des Gegners auszuschalten.

Die Endoffensive

Im Frühjahr 1979 waren alle Bedingungen herangereift, um den Diktator Somoza samt seinem Klüngel durch den «revolutionären Volkskrieg» hinwegzufegen: Das Regime befand sich in der tiefsten Krise und konnte nur noch mit den Bajonetten der Nationalgardisten aufrechterhalten werden. Eine unüberbrückbare Kluft trennte den Diktator von der überwältigenden Mehrheit der Nikaraguaner, und auch außenpolitisch fand er nur noch wenige Verbündete. Millionen Stimmen erhoben sich überall in der Welt und forderten ein Ende der Schreckensherrschaft in Nikaragua. Selbst USA-Präsident Carter ließ mehrfach durch seinen Botschafter in Managua übermitteln, daß er den alsbaldigen Rücktritt Somozas erwartete.

Im Unterschied zu den zerfallenden

Machtstrukturen des Terrorregimes verfügten die Antidiktaturkräfte jetzt über alle Voraussetzungen, um mit der «Endoffensive» zu beginnen. In vielen Orten des Landes existierten Komitees und Milizen. Ein festes Bündnis vereinte die verschiedenen sozialen und politischen Kräfte, die Somoza ablehnten und die im Exil bereits mit ersten Vorgesprächen über die Bidlung einer künftigen demokratischen Regierung begannen.

Entscheidend war im Frühjahr 1979 die Tatsache, daß die FSLN und die mit ihr verbündeten Kräfte nun auch über die militärische Stärke und Organisation verfügten, um den Diktator und seine Nationalgarde zu verjagen – das letzte, aber auch schwierigste Hindernis auf dem Weg in die Freiheit. Die FSLN konnte sich auf etwa 15 000 Kämpfer stützen, von denen rund 5 000 in den regulären Formationen der Befreiungsfront und 10 000 in den Milizen organisiert waren. Da die FSLN Anfang 1979 weitgehend die Kontrolle über die Segovias errungen hatte, begann sie jetzt, ihre Kampfabteilungen an den Monate zuvor geplanten Frontabschnitten zusammenzuziehen. Bis zum April formierte sich die Nordostfront «Pablo Ubeda», die Westfront «Rigoberto Lopez» und die Ostfront «Roberto Humbes». Im Mai und in den späteren Monaten folgten die Front «Nueva Guinea», die Südfront «Benjamin Zeledón» und die Zentralfront «Camilo Ortega». Die hier stationierten Einheiten der FSLN waren zum Angriff auf die Stellungen der Nationalgarde bereit, ebenso die oft von erfahrenen Sandinisten geführten Milizen und Komitees.

Die Waffen, die den regulären Kräften der FSLN und den Milizen zur Verfügung standen, waren bis zur Endoffensive in der Regel recht einfach: M-1-Karabiner, FAL- und Garand-Gewehre, Maschinenpistolen vom Typ UZI, Sturmgewehre Galil, Pistolen und Macheten, selbstgebaute Waffen und Sprengsätze. Als Quellen der Waffen gab 1979 der FSLN-Kommandant Germán Pomares den internationalen Waffenmarkt, korrupte Nationalgardisten, die ihre Waffen verkauften, um den Sold aufzubessern, und insbesondere die im Kampf von der Garde eroberten Ausrüstungen an. Dies wurde besonders während der Offensive 1979 deutlich: In dem Maße wie die Sandinisten schwere Waffen eroberten, konnten sie diese nun auch selbst nutzen. Ab Mitte Juni setzten sie daher auch Sherman-Panzer, Panzerabwehrraketen, Geschütze, schwere Maschinengewehre und selbst Flugzeuge ein.

Die Endoffensive zum Sturz der Somoza-Diktatur, der «Revolutionäre Volkskrieg», erfolgte 1979 in zwei Etappen; der Vorbereitungsphase (März/April bis zum 28. Mai) und der eigentlichen Endoffensive, die am 29. Mai mit den wuchtigen Schlägen der FSLN-Fronten eingeleitet wurde.

Seit März 1979 formierten sich die Diktaturgegner zum unmittelbaren Sturz des Regimes. Die bewaffneten Kräfte der FSLN engten von Tag zu Tag den Aktionsradius der Garde durch plötzliche Angriffe ein.

Seit April gesellten sich zu den bisher üblichen Kampfhandlungen der FSLN neue Elemente hinzu. Erstmalig begannen FSLN-Einheiten nun für mehrere Tage kleine und größere Ortschaften zu besetzen. Die zeitweilige Einnahme von Estelî (8. bis 14. April), Masaya (Mitte Mai) und Jinotepe (20. bis 23. Mai) schulte die Sandinisten nicht nur in der Einnahme von Ortschaften und im Zusammenwirken von regulären Kampfeinheiten, Milizen und konspirativen Gruppen in vom Feind kontrollierten Gebieten, sondern vernichtete auch erhebliche Kontingente der Nationalgarde.

Die Sandinisten konzentrierten sich in der Vorbereitungsphase darauf, die Kommunikation zwischen den gegnerischen Gruppierungen zu unterbrechen und komplexe Abteilungen der Nationalgarde an die einzelnen Frontabschnitte bezie-

Szenen der Endoffensive der FSLN

hungsweise an bestimmte Städte zu binden, um so eine Konzentration des Gegners zu verhindern. Denn sie waren sich stets bewußt, daß dieser hochgerüstete Feind zersplittert werden mußte, um ihn besiegen zu können. Diesem Ziel dienten auch die von der FSLN organisierten Überraschungsangriffe auf Posten der Nationalgarde in den Hochburgen seiner Macht, wie der Hauptstadt Managua, Sabotageunternehmen und die Hinrichtung im Volk verhaßter Schergen der Diktatur. Die Vorbereitungsphase trug schon im April/Mai erste Früchte: Bereits vor Beginn der Offensive war die militärische Macht des Diktators angeschlagen.

Ende Mai sahen die FSLN und die mit ihr verbündeten Kräfte den Zeitpunkt für den unmittelbaren Sturz des Diktators gekommen. Am 29. Mai setzten im ganzen Land die Angriffe der FSLN-Einheiten ein. Am selben Tag riefen FSLN, MPU und FPN über «Radio Sandino» und die größten Tageszeitungen zum Volksaufstand und Generalstreik auf. Schon in den nächsten Tagen entbrannten in den nordöstlichen Bergen und den Zentren der Pazifikregion heftige Kämpfe. In León, Managua, Chinandega und Rivas drangen FSLN-Einheiten ein, verbündeten sich mit dem Volk und begannen die stark gesicherten Bastionen der Nationalgarde zu stürmen. Bereits am 10. Juni waren 50 Prozent des Stadtgebietes von Managua unter Kontrolle der Patrioten. Während sich die Fronten in Richtung Pazifik zu bewegen begannen, mußte Somoza aufgrund des Volksaufstandes bedeutende Teile seiner Truppen an die Städte der Pazifikregion binden. Auch der Generalstreik, an dem sich schon Anfang Juni 80 Prozent aller Werktätigen beteiligten, schwächte seine militärische Macht weiter: Um sich mit Wasser, Lebensmitteln und Energie zu versorgen, mußte die Garde eigene Kräfte einsetzen, so daß weitere Truppenteile nicht zur «Aufstandsbekämpfung» eingesetzt werden konnten. Vom 6. Juni an war die Versorgung der meisten Garnisonen und Lager der Nationalgarde nur noch aus der Luft möglich. Angesichts der Erfolge der FSLN befahl der Diktator, mit aller Gewalt und unter Einsatz aller Waffensysteme gegen das Volk vorzugehen. Mit Methoden des systematischen Völkermordes gelang es so Mitte Juni, den Vormarsch der Sandinisten in der Pazifikregion vorerst zu stoppen und in Managua und an der Südfront verlorengegangene Positionen teilweise zurückzuerobern.

Dem Panzerfeuer, den Bombenangriffen und der Gewalt der Nationalgardisten fielen allein bei der «Befriedung» Managuas 20 000 Menschen zum Opfer, darunter in erster Linie unbewaffnete Bewohner der Elendsviertel. Gefangene und verwundete Sandinisten wurden von den Gardisten systematisch zu Tode gefoltert; auf Jugendliche, die alle in Verdacht standen, mit der FSLN zusammenzuarbeiten, wurde im ganzen Land regelrecht Jagd gemacht. Die FSLN hielt sich demgegenüber stets an völkerrechtliche Normen und versuchte die unbewaffnete Zivilbevölkerung, soweit es möglich war, aus den direkten schweren Kampfhandlungen herauszuhalten.

Trotz eines partiellen Abstoppens der Sandinisten an der Zentralfront (Raum Managua) und der Südfront zeichnete sich schon in der ersten Junihälfte eindeutig der militärische Erfolg der FSLN ab. Am 8. Juni hatte die FSLN bereits 20 Ortschaften befreit, darunter die Städte León, Jinotega, Matagalpa und Masaya. Die Befreiung der Städte geschah nach einem einheitlichen Plan, so schilderte es die Kommandantin María Núnez Tellez später am Beispiel Leóns: Am 6. Juni drangen 160 Kämpfer der FSLN unter dem Kommando von María Tellez in León ein und verbanden sich mit den hier seit Monaten arbeitenden konspirativen Gruppen der FSLN und der in Milizen organisierten Zivilbevölkerung. Eine Gruppe von nur etwa 520 Sandinisten schloß kurze Zeit später die etwa 200 Nationalgardisten in ihrer Kaserne ein. Damit stand die Stadt unter Kontrolle der FSLN. Mit Hilfe der Komitees und Milizen entstanden in Kürze eine provisorische Verwaltung und örtliche bewaffnete Organe, die die Anhänger Somozas vorerst verhafteten. Nachdrücklich wandte sich die FSLN stets dagegen, den Volkszorn in Lynchjustiz münden zu lassen; die Folterknechte des Diktators sollten einem Volksgericht zugeführt werden. Der hier wie auch im Kampf von den Sandinisten gezeigte Humanismus bewog viele Nationalgardisten, vor allem junge und zum Dienst gepreßte Soldaten, ihren Kampf einzustellen und zur FSLN überzulaufen.

Die Befreiung von Städten wie León war im Juni jedoch noch instabil. Noch immer gelang es dem Diktator, Truppenteile zu konzentrieren und eingeschlossene Verbände seiner Armee wieder zu befreien. So konnten sich beispielsweise am 24. Juni in Masaya Nationalgardisten mit Hilfe von Entsatztruppen aus der Umklammerung der Sandinisten befreien und sich in die Berge der Umgebung zurückziehen. Auf Befehl des Diktators begannen sie von hier aus die Stadt systematisch durch gezieltes Geschützfeuer zu zerstören. Gegen andere befreite Gebiete ließ der Diktator Luftangriffe fliegen, die hohe Verluste in der Zivilbevölkerung und große materielle Schäden verursachten. Als der Diktator Mitte Juli floh, hinterließ er ein in Schutt und Asche gelegtes Nikaragua. Die Bilanz des Genozids war erschreckend: 35 000 Bürger fanden einen gewaltsamen Tod, 100 000 waren schwer verwundet, und die materiellen Schäden erreichten eine Höhe von 500 Millionen US-Dollar.

Trotz dieses Terrors nahmen die Angriffsoperationen der FSLN und der Volksaufstand täglich zu. Somozas Kräfte zersplitterten mehr und mehr und nahmen jeden Tag ab. Daran konnten auch die massive Hilfe durch reaktionäre Regime Lateinamerikas, ausländische Söldner sowie Waffenlieferungen aus den USA und Israel nichts mehr ändern. Die Sandinisten beantworteten am 15. Juni die «Aufstandsbekämpfung» der Nationalgarde mit einer Gegenoffensive. Erneut wurde das ganze Land von Kampfhandlungen erfaßt, kamen die Fronten wieder in Bewegung, begannen die Positionen der Nationalgarde an der Südfront zu wanken. Der rasche Vormarsch der Sandinisten trieb Somoza Debayles Truppen immer mehr der Zentralfront und der Südfront zu, wo jetzt auch heftige reguläre Gefechte einsetzten.

Angesichts der sich abzeichnenden militärischen Niederlage des Diktators konstituierte sich am 16. Juni im kostarikanischen Exil die neue Regierung Nikaraguas: der Regierungsrat des Nationalen Wiederaufbaus (JGRN). Ihm gehörten Vertreter aller im Widerstand zum Terrorregime stehenden gesellschaftlichen Kräfte. Noch in Kostarika wurde diese demokratische Regierung von vielen Staaten de facto anerkannt.

Letztmalig versuchten die USA Somoza Debayle zum Rücktritt zu bewegen und planten, die Aktivitäten der FSLN und der JGRN durch eine von den Mitgliedsländern der Organisation der Amerikanischen Staaten (OAS) getragene militärische Intervention zu unterbinden. Doch die OAS lehnte am 17. Juni diesen Plan kategorisch ab und sprach der JGRN ihr Vertrauen aus. Als wenige Tage darauf Nationalgardisten in Managua einen nordamerikanischen Korrespondenten erschossen, sah sich USA-Präsident Carter angesichts der Protestwelle in den USA gezwungen, die Unterstützung seiner Regierung für den nikaraguanischen Diktator aufzukündigen. Somoza Debayle verlor seinen wichtigsten Verbündeten – sein Sturz war damit nur noch eine Frage weniger Tage.

In der zweiten Junihälfte tobten überall in der Pazifikregion heftige Kämpfe, während sich in anderen Teilen Nikaraguas, vor allem in den nördlichen und nordöstlichen Provinzen, bereits die neue Macht herauszubilden begann. Im gesamten Stadtgebiet Managuas kam es wieder zu heftigen Straßenkämpfen, wurde nun auch erstmalig der Flugplatz angegriffen und begann die FSLN am 21. Juni, mit erbeuteten Flugzeugen das Hauptquartier des Diktators zu bombardieren. Auch die Südfront kam wieder in Bewegung: Die strategischen Ortschaften Miraflor und Cardenás, die den Weg nach Managua freigaben, konnten von Verbänden der FSLN erobert werden. Der Diktator antwortete mit verstärktem Terror in den von ihm noch kontrollierten Gebieten. Einem Kommuniqué der neuen Regierung zufolge wurden damals täglich 300 Zivilisten massakriert. Um weitere Verluste unter der Zivilbevölkerung zu vermeiden und die Kräfte für den

Der Flugplatz Managuas am Morgen des 17. 7. 1979

Sturm auf die Hauptstadt, die letzte Bastion des Diktators, zu vereinen, zog die FSLN ihre bewaffneten Kommandos am 27. Juni geordnet aus Managua in Richtung der schon befreiten Stadt Masaya zurück. Diese Operation gehörte zu den erfolgreichsten militärischen Aktionen der FSLN während der Endoffensive: Um den Rückzug zu decken, leistete nur eine Handvoll Sandinisten in Managua Widerstand, der jedoch so intensiv war, daß rund 48 Stunden lang Hunderte Nationalgardisten hier gebunden wurden. So konnten sich die Sandinisten mit einer Vielzahl Zivilisten, insgesamt etwa 6 000 Nikaraguanern, ohne größere Kampfhandlungen und Verluste bis nach Masaya zurückziehen. In Masaya und Umgebung vereinten sich Anfang Juli die militärischen Gruppierungen der FSLN, deren Frontabschnitte um Managua zu einem festen Ring zusammenwuchsen. Am 10. Juli war Managua eingeschlossen. Einen Tag später drangen erste Einheiten der FSLN, von Norden und Süden kommend, wieder in die Vorbezirke der Hauptstadt ein. Erneut erhoben sich die Managuaner, errichteten Barrikaden und griffen die Nationalgarde an. Der Sturz der Diktatur stand kurz bevor. Die Macht Somoza Debayles konzentrierte sich nur noch auf einige Bezirke der Hauptstadt. Angesichts dieser Entwicklung begann die Nationalgarde zu zerfallen, Hunderte Nationalgardisten ergaben sich ohne größeren Widerstand. Die Mehrheit der Offiziere und viele Soldaten verließen jedoch Hals über Kopf ihre Stellungen und flohen ins Ausland, vor allem nach Honduras und in die USA. Dies erleichterte zwar momentan den Vormarsch der Sandinisten, doch bilden diese kampferfahrenen Söldner heute den Kaderstamm der seit 1981 gegen die Revolution operierenden Terrorbanden.

Am 17. Juli beschloß der Diktator, sich nun doch mit seinem Generalstab und engsten Vertrauten in die USA abzusetzen. Mit einer noch auf dem Flughafen eingesetzten Marionettenregierung glaubte er seine Macht erhalten zu können. Doch in den folgenden 48 Stunden fegte das Volk auch diese Regierung hinweg. Am 19. und 20. Juli zogen die Einheiten der FSLN unter großem Jubel der Bevölkerung in Managua ein. Der aus dem Exil zurückgekehrte Regierungsrat nahm seine Tätigkeit auf.

Epilog

Der Sieg vom Juli 1979 eröffnete für das nikaraguanische Volk den lang herbeigesehnten Weg in die Freiheit und Menschlichkeit. Für den weiteren Verlauf der antiimperialistisch-demokratischen Revolution schuf der militärische Sieg der FSLN bedeutende Voraussetzungen. Der alte Machtapparat war zerschlagen, und aus den FSLN-Einheiten und den Milizen wuchsen neben den politischen neue bewaffnete Machtorgane hervor: die Sandinistische Volksarmee, die Sandinistische Volkspolizei und der Sandinistische Staatssicherheitsdienst. Sie garantieren seit 1979 gemeinsam mit anderen Formen der Volksbewaffnung, wie den Zehntausenden Sandinistischen Verteidigungskomitees, einen zuverlässigen Schutz der Volksmacht. Der Fall des Diktators Somoza Debayle war und ist für Nikaragua von internationaler Bedeutung. Wieder verschwand eine Marionette des USA-Imperialismus. In Mittelamerika entstanden neue Kampfbedingungen für die Antidiktaturkräfte, die, angespornt durch das nikaraguanische Beispiel, seit 1979 ihren Kampf für eine lichtere Zukunft wesentlich intensiviert haben.

El Salvador: Ein Volk zerbricht seine Ketten

Am Abend des 24. März 1980 zelebrierte Oscar Arnulfo Romero, Erzbischof von El Salvador, eine Messe in der Kapelle der «Göttlichen Vorsehung» von San Salvador, als er vor den Augen seiner fassungslosen Gemeinde zusammenbrach, tödlich getroffen von der Kugel eines Scharfschützen. Diese Bluttat löste in Lateinamerika und in der ganzen Welt Abscheu, Empörung und heftige Proteste aus. Worin bestand das «Vergehen», dessen sich der Erzbischof in den Augen der Reaktion schuldig gemacht hatte? Romero, weit entfernt davon, ein Revolutionär zu sein, hatte sich in seinen Predigten, die über Rundfunk im ganzen Land verbreitet wurden, gegen den Terror des staatlichen Sicherheitsapparates und der paramilitärischen Mordbanden ausgesprochen. Er hatte soziale Gerechtigkeit für die Ausgebeuteten und Unterdrückten gefordert. Im Februar 1980 richtete er sogar ein Schreiben an den damaligen Präsidenten der USA, Jimmy Carter, in dem er die Vereinigten Staaten aufforderte, die Waffenlieferungen an die Junta zu stoppen. Angesichts der Massaker der Junta an der eigenen Bevölkerung bekannte sich der Erzbischof ausdrücklich zum Recht des Volkes auf gewaltsamen Widerstand gegen Mord, Terror und Unterdrückung, wenn alle anderen Mittel erschöpft sind. Durch diese Auffassung, die zahlreiche Vertreter der katholischen Kirche teilten, zog sich Oscar Arnulfo Romero, den das Volk «Anwalt der Armen» nannte, den Haß der in- und ausländischen Reaktion zu. Der Erzbischof war weit mehr als ein volksverbundener Priester, er wurde zu einer Symbolfigur des gerechten Volkskampfes, er brachte die Hoffnungen Hunderttausender gläubiger Menschen zum Ausdruck.

El Salvador 1980: Das Jahr der Wende

Die Werktätigen El Salvadors antworteten auf den feigen Mord an Erzbischof Romero mit einem Generalstreik, der das gesamte öffentliche Leben lahmlegte. In der Hauptstadt kam es zu machtvollen Protestkundgebungen. An der Beisetzung des Erzbischofs am 30. März nahmen mehr als eine halbe Million Menschen teil. In dem Augenblick der Feier aber, in dem der mexikanische Kardinal Corrigio Ahumada im Namen des Papstes seinen Ruf nach «Gerechtigkeit, Brüderlichkeit, Liebe und Frieden» erhob, zeigten die sich überstürzenden Ereignisse, daß die regierende Junta solchen Worten keinerlei Bedeutung beimaß. Ein Augenzeuge berichtete später: «Plötzlich regnete es Feuer vom Himmel, Brandbomben detonierten, Schüsse peitschten auf. Schreie begleiteten die Menschenwoge auf ihrer blinden, panischen Flucht.» Brandbomben und wahllos in die Trauergemeinde gefeuerte Salven aus automatischen Waffen waren die Antwort des Regimes auf die eindrucksvolle Demonstration des Volkes. Wer nicht rechtzeitig in der Kathedrale oder in umstehenden Häusern Zuflucht fand, wurde erbarmungslos niedergemetzelt. Mehr als 50 Tote, Hunderte Verletzte und etwa 100 Vermißte, meist Kinder, waren die Schreckensbilanz dieses Tages, der als «Blutsonntag» in die Geschichte El Salvadors einging. Wohl niemals zuvor hatte sich die herrschende Oligarchie und die in ihrem Auftrag handelnde Junta so vor der Weltöffentlichkeit demaskiert. Auch die Anwesenheit zahlreicher kirchlicher Würdenträger, die aus vielen Ländern zu den Beisetzungsfeierlichkeiten gekommen waren, ließ die Junta nicht vor einem solchen Blutbad zurückschrecken, das die Versprechungen, Demokratie und Reformen durchsetzen zu wollen, Lügen strafte.

Es wäre jedoch falsch, die in den 80er Jahren verstärkten zivilen Protestaktionen der Volksmassen sowie den außerordentlichen Aufschwung des bewaffneten Kampfes militärisch-politischer Organisationen allein mit der Ermordung des Erzbischofs und den Ereignissen des «Blutsonntags» erklären zu wollen. Wie in Nikaragua und Guatemala hat der Volkskampf auch in El Salvador seine Grundlage in der Zuspitzung jahrzehntelang bestehender gesellschaftlicher Widersprüche, in der unermeßlichen Macht- und Profitgier einiger herrschender Familien, deren Interessen sich im Verlauf der Geschichte immer enger mit denen des Auslandskapitals verflochten. Er hat seine Grundlage in dem tiefen Elend, in dem die Mehrheit der Bevölkerung lebt, ohne Hoffnung auf Veränderung und ohne Möglichkeit, ihre Interessen in irgendeiner Form wirksam vertreten zu können. Ungeachtet dessen hatten aber die Ereignisse des März 1980 eine Katalysatorwirkung hinsichtlich der weiteren Entwicklung der Revolution und des revolutionären Bewußtseins der Volksmassen in El Salvador. Sie verstärkten in immer breiteren, ideologisch sehr verschiedenartig zusammengesetzten Kreisen der Opposition die Einsicht, daß die Vereinigung aller Kräfte und Anstrengungen das Gebot der Stunde war. Sie förderten die Erkenntnis, daß nunmehr die «friedlichen Mittel» erschöpft waren, daß die Junta gestürzt und grundlegende Veränderungen im Interesse des Volkes verwirklicht werden mußten, was nur durch eine enge Verbindung von zivilen Massenaktionen und bewaffnetem Volkskampf möglich war. Diese Erkenntnis, verbunden mit den Erfahrungen der siegreichen Revolution in Nikaragua, verlieh allen Regimegegnern bedeutende Impulse. Im April 1980 wurde eine breite «Revolutionäre Demokratische Front» (FDR) gebildet, die alle Kräfte der Opposition vereinte. Die wichtigsten Punkte ihres Programms waren: Sturz der volksfeindlichen Junta, Beendigung des Terrors, Beseitigung der Abhängigkeit von den USA und Bildung einer Volksregierung.

Bereits im Mai 1980 gaben vier im Land operierende militärisch-politische Organisationen die Bildung einer «Vereinten Revolutionären Leitung» (DRU) des bewaffneten Kampfes bekannt. Es waren dies die «Volksbefreiungskräfte Farabundo Martî» (FPL), die «Bewaffneten Kräfte des Nationalen Widerstandes» (FARN), die «Revolutionäre Armee des Volkes» (ERP) und die «Bewaffneten Befreiungskräfte» (FAL). Im Oktober folgte die Gründung einheitlicher revolutionärer Volksstreitkräfte unter der Bezeichnung «Nationale Befreiungsfront Farabundo Martí». Ihr schloß sich auch die bewaffnete Formation der «Revolutionären Partei der Mittelamerikanischen Werktätigen» (PRTC) an. Alle fünf militärisch-politischen Organisationen unterzeichneten im Dezember ein Abkommen, das den Vereinigungsprozeß und die Bildung eines gemeinsamen Oberkommandos endgültig fixierte. Diesem Oberkommando gehören die Generalse-

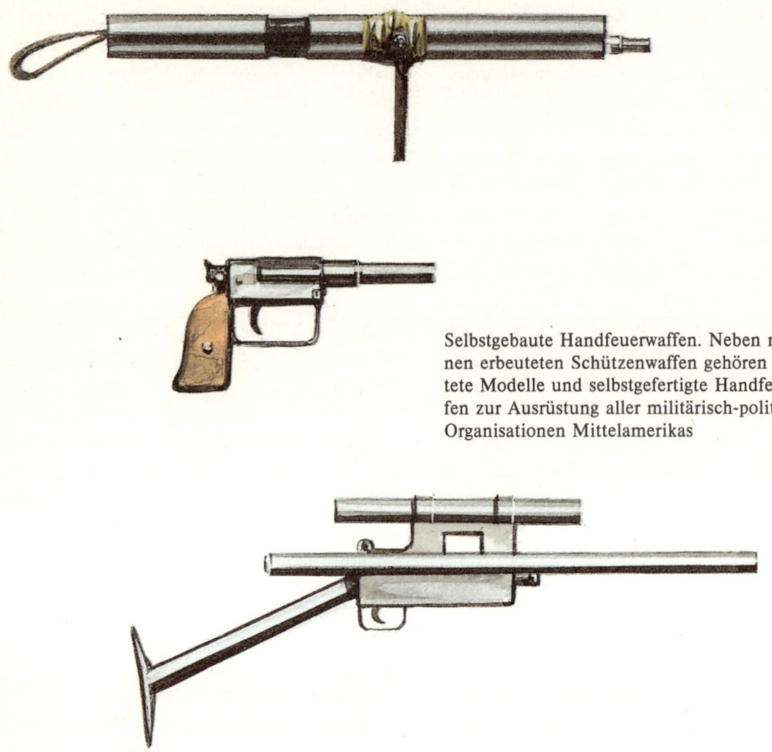

Selbstgebaute Handfeuerwaffen. Neben modernen erbeuteten Schützenwaffen gehören veraltete Modelle und selbstgefertigte Handfeuerwaffen zur Ausrüstung aller militärisch-politischen Organisationen Mittelamerikas

kretäre der fünf mit den bewaffneten Formationen verbundenen linken Parteien an. Der Vereinigungsprozeß der gesamten zivilen und bewaffneten Opposition war in El Salvador der Beginn einer neuen und höheren Etappe des Volkskampfes, in der sich das Kräfteverhältnis im Land entscheidend veränderte. Stand das Jahr 1980 unter dem Zeichen der organisatorischen Einigung der oppositionellen Kräfte, so war 1981 das Jahr erster größerer militärischer Kampfhandlungen. Bis dahin war es jedoch ein langer Weg, auf dem das salvadorianische Volk unzählige Opfer bringen und maßloses Leid erdulden mußte.

Ein Volk bewaffnet sich gegen seinen Peiniger

Der Ausrottungsfeldzug, den Armee, Sicherheitskräfte und paramilitärische Banden gegen das eigene Volk führen, ist nicht nur eine Erscheinung der letzten Jahre. El Salvador ist eine der ältesten Militärdiktaturen Lateinamerikas. Kurze Intermezzi von Zivilregierungen, die zaghafte Schritte in Richtung auf eine Demokratisierung und die Durchführung von Reformen unternahmen, fallen praktisch nicht ins Gewicht. Stets gelang es der in- und ausländischen Reaktion nach kurzer Zeit, diese Prozesse in den ersten Ansätzen durch Terror zu ersticken. Seit über einem halben Jahrhundert kommt dabei der Armee als Instrument dieses Terrors eine immer größere Bedeutung zu. Ihren grausamen «Einstand» gab sie im Jahre 1932 bei der Niederschlagung eines Aufstandes von Bauern und Landarbeitern. Er wurde von Farabundo Martí geführt, dessen Namen heute die Nationale Befreiungsfront trägt. Bei der Bekämpfung dieses Aufstandes stellten die Streitkräfte erstmals unter Beweis, daß die ihnen im Mechanismus der Machterhaltung zugedachte Funktion weniger die Entwicklung militärischer Fähigkeiten als vielmehr die eines Henkers und Schlächters des eigenen Volkes war. Jahrzehntelang regierte die herrschende Oligarchie das Land mittels einander ablösender Militärregime, immer bereit, jegliche Form von Opposition im Blut zu ersticken. Um die überlebten Herrschafts- und Ausbeutungsformen immer perfekter abzusichern, wurden der Polizeiapparat, die Geheimdienste und vor allem die von ihnen gesteuerten paramilitärischen Terrororganisationen ausgebaut. Die wohl berüchtigtste «Hilfstruppe» dieser Art war die Nationale Demokratische Organisation (ORDEN), die General Medrano in den 60er Jahren gebildet hatte und die in den 70er Jahren eine Stärke von etwa 100000 Mitgliedern erreichte. Sie gingen vornehmlich gegen Landarbeiter und arme Bauern vor, die sich gegen die Willkür der Großgrundbesitzer auflehnten oder gar mit Protestaktionen und Landbesetzungen die Durchführung der überfälligen Agrarreform forderten. An der Seite von ORDEN agierten noch andere Terrororganisationen, wie zum Beispiel die «Union der weißen Krieger». Sie alle rekrutierten ihre Mitglieder hauptsächlich aus den Reihen der Armee, der Polizei und der Geheimdienste und hinterließen eine breite Blutspur in der Geschichte El Salvadors. Doch die Zeiten, in denen die einheimische Oligarichie, verbündet mit dem USA-Imperialismus, durch Militärdiktaturen und terroristische Herrschaftsmethoden «Ruhe, Ordnung und Stabilität» in El Salvador zu sichern vermochten, näherten sich ihrem Ende. Die internationalen Rahmenbedingungen hatten sich verändert, es gab die sozialistische Staatengemeinschaft, und die Revolution in Kuba hatte gesiegt. Im Land selbst verschlechterte sich die wirtschaftliche Lage seit Beginn der 70er Jahre rapide. Inflation, Auslandsverschuldung, Kapitalflucht, Massenarbeitslosigkeit und Unterbeschäftigung nahmen immer mehr zu. Angesichts der krassen Besitzunterschiede in der Landwirtschaft, die sich durch hohe Bevölkerungsdichte und starke Geburtenraten weiter zuungunsten der kleinen Bauern, Landarbeiter und Halbproletarier verschärften, wurde die Durchführung einer Agrarreform immer dringender. Die im Jahre 1975 von der Regierung des Generals Molinar begonnene Landvergabe scheiterte bereits in den ersten Anfängen am Terror der Großgrundbesitzer und ihrer bewaffneten Mordbanden. Diese Entwicklung war mit einer raschen Verelendung großer Teile der städtischen und ländlichen Bevölkerung verbunden. Doch die Massenverelendung war nicht die einzige Ursache für den wachsenden Volkswiderstand, für die Zunahme ziviler Protestformen und schließlich für den Übergang zum bewaffneten Kampf. Es war die Erkenntnis, daß es praktisch kein Mittel gab, um berechtigte Forderungen durchsetzen zu können, daß auch Wahlen – wenn sie überhaupt stattfanden – kein gangbarer Weg in eine bessere Zukunft waren, da ihre Ergebnisse stets gefälscht wurden. Diese ausweglose Situation und der Staatsterrorismus gegen alle Kräfte der Opposition zerstörten nach und nach selbst bei traditionell reformistisch eingestellten politischen Parteien und Organisationen die Illusion, mit der Regierung zu einem «Dialog» kommen zu können und sie auf den Weg gemäßigter bürgerlicher Reformen zu drängen.

Commandante Fermán Cienfuegos

Auf dieser Grundlage entwickelten sich in den 70er Jahren die heute in der FMLN vereinten militärisch-politischen Organisationen, die der bewaffnete Arm der verschiedenen Oppositionsbewegungen wurden. Die erste Organisation dieser Art waren die «Volksbefreiungskräfte Farabundo Martí» (FPL). Sie entstanden 1970, ihre Kämpfer kamen aus den Reihen der Industriearbeiter, der Lehrer und Studenten, später auch der armen Bauern und Landarbeiter. Die FPL orientierte von Anfang an auf eine enge Verbindung mit der zivilen Massenbewegung. Zu deren Schutz organisierte sie den Aufbau von Selbstverteidigungseinheiten, die parallel zu den eigentlichen Kampfverbänden entstanden.

Als zweite bewaffnete Organisation entstand 1971 die «Revolutionäre Armee des Volkes» (ERP). In den folgenden Jahren kam es in der ERP zu Auseinandersetzungen um die politisch-militärische Orientierung des Kampfes. Ein Flügel sprach sich für den Kampf mit der Waffe aus, ohne Massenverbindung anzustreben, während ein anderer die Unterordnung der militärischen Strategie und Taktik unter eine politische Gesamtkonzeption forderte, ein enges Zusammengehen mit der zivilen Volksbewegung eingeschlossen. Der Wortführer des zweiten Flügels, der Schriftsteller Roque Dalton, wurde im Verlauf dieser Auseinandersetzungen getötet. Daraufhin verließen seine Anhänger die ERP und gründeten 1975 eine dritte militärisch-politische Organisation, die «Bewaffneten Kräfte des Nationalen Widerstandes» (FARN). Ihr Führer wurde Comandante Fermán Cienfuegos. In der weiteren Entwicklung gab die ERP jedoch ihre auf reine Guerilla-Aktionen gerichtete Orientierung auf und verband sich über die «Partei der Salvadorianischen Revolution» mit der wachsenden zivilen Volksbewegung.

Ebenfalls im Jahre 1975 entstand eine mit der «Revolutionären Partei der Mittelamerikanischen Werktätigen» (PRTC) verbundene vierte bewaffnete Formation, die «Bewegung zur Befreiung des Volkes» (MLP). Eine fünfte militärisch-politische Organisation, die «Bewaffneten Befreiungsstreitkräfte» (FAL), wurde 1979 durch die Kommunistische Partei El Salvadors gebildet. Die Mitglieder der FAL rekrutieren sich hauptsächlich aus Industrie- und Landarbeitern, Halbproletariern und Bauern. Ähnlich wie bei der FPL bestanden die bewaffneten Formationen der Kommunistischen Partei aus den eigentlichen Kampfverbänden sowie aus mobilen und stabilen Selbstverteidigungs- und Milizgruppen.

Die Aktionen dieser fünf militärisch-politischen Organisationen nahmen gegen Ende der 70er Jahre an Zahl und Schlagkraft zu. Tausende Mitglieder von

Milizen und Selbstverteidigungsverbänden engten gleichzeitig den Spielraum der herrschenden Klasse und ihres Unterdrückungsapparates ein, gaben den zivilen Oppositionskräften Schutz und Selbstvertrauen.

In dieser Situation griff die in- und ausländische Reaktion zu einem altbewährten Mittel: Am 15. Oktober 1979 stürzten Offiziere der Streitkräfte den völlig diskreditierten Diktator Romero. Der neugebildeten Regierungsjunta gehörten – gemäß dem veränderten Kräfteverhältnis im Lande – Vertreter der bürgerlichen Opposition und patriotisch gesinnte Offiziere an. Doch die in Aussicht gestellten Reformen und Maßnahmen zur Demokratisierung blieben aus. Der Beginn einer «Agrarreform» erwies sich als Farce, und die paramilitärischen Banden setzten ihren Mordfeldzug gegen progressive und demokratische Kräfte ungeniert fort. Nach dem dadurch provozierten Austritt bürgerlich-demokratischer Kräfte aus der regierenden Junta glitt die ganze Entwicklung in die bekannten Bahnen des Staatsterrorismus ab. Der aus Vertretern der Oligarchie und hohen Militärs bestehende Klüngel ließ die Maske des «demokratischen Erneuerers» und «Reformers» fallen und setzte wieder auf das Mittel der Gewalt. Die Wucht der Massenaktionen und die nun Gestalt annehmenden Vereinigungsbestrebungen der verschiedenen Oppositionsbewegungen führten zu einem wahren Amoklauf der Reaktion. José Napoleón Duarte, Mitglied der Junta und Vorsitzender der Christdemokratischen Partei, erklärte im Mai 1980 in höchst unchristlicher Weise, daß es notwendig werden könnte, 200 000 Menschen zu opfern, um das Land für die nächsten 50 Jahre zu «befrieden». Im Herbst des gleichen Jahres wollte die Reaktion zum entscheidenden Schlag gegen die zivile und bewaffnete Opposition ausholen. Im November wurden sechs Führer der «Revolutionären Demokratischen Front» (FDR) bei einer Pressekonferenz in der Hauptstadt San Salvador von Angehörigen paramilitärischer Banden entführt, gefoltert und schließlich ermordet. Gleichzeitig begannen die Streitkräfte mit groß angelegten militärischen Aktionen gegen die Operationsgebiete der bewaffneten Volkskräfte vorzugehen. Beiden Maßnahmen war aber kein Erfolg beschieden. Es gelang weder, die in der FDR vereinten politischen Parteien und Organisationen durch die Ermordung ihrer Führer zu desorientieren und zu lähmen, noch gelang es, den langangekündigten Sieg über die bewaffneten Formationen zu erringen. Im Gegenteil, die völlige Desillusionierung hinsichtlich der Absichten der herrschenden Klasse und die Verstärkung des militärischen Drucks beschleunigten den Prozeß des noch engeren Zusammenschlusses von FMLN und FDR sowie der in ihnen vertretenen Organisationen. Mit der Einleitung einer landesweiten Generaloffensive zu Beginn des Jahres 1981 durch die FMLN trat der Befreiungskampf des salvadorianischen Volkes in eine neue Etappe ein.

Die FMLN in der Offensive

Am 10. Januar 1981 verkündete die Führung der FMLN den Beginn der Generaloffensive gegen die Junta und rief gleichzeitig die Werktätigen in Stadt und Land zum Generalstreik auf. Parallel dazu orientierte die Führung auf eine allgemeine bewaffnete Volkserhebung. Etwa 4 000 Kämpfer der Befreiungsfront, unterstützt durch Miliz- und Selbstverteidigungsverbände, verließen ihre Ausgangsstellungen in den bereits unter ihrer Kontrolle stehenden Gebieten, um landesweit an vier Fronten zum Angriff überzugehen. Bereits in den ersten Stunden der Offensive gelang es den Kämpfern der FMLN, 20 Ortschaften zu besetzen. Die Regierung mußte in einer offiziellen Erklärung eingestehen, daß sich Einheiten der bewaffneten Volkskräfte in unmittelbarer Nähe der Hauptstadt befanden und dort das Hauptquartier der Nationalgarde, zwei weitere Militärkasernen sowie den Militärflughafen Ilopango unter Beschuß genommen hatten, wobei einige Flugzeuge und Hubschrauber der Juntatruppen zerstört wurden.

Heftig umkämpft waren auch andere städtische Zentren des Landes. Für die Schlagkraft der Offensive und die zahlenmäßige Stärke der jeweils angreifenden Verbände spricht die Tatsache, daß es der FMLN gelang, Santa Ana, die zweitgrößte Stadt des Landes, einzunehmen. 800 Soldaten und der Kommandeur der dortigen Garnison folgten dem Aufruf der FMLN-Führung an die Juntatruppen, sich nicht weiter am Völkermord der Regierung zu beteiligen und zur Befreiungsfront überzulaufen. Ein weiteres Angriffsziel der bewaffneten Volkskräfte bildete die Provinzhauptstadt Chalatenango. Auch sie konnte nach schweren Kämpfen, in deren Verlauf 90 Soldaten ums Leben kamen, eingenommen werden. 30 Militärangehörige liefen in diesem Gefecht zur FMLN über. Die Angriffsoperationen während der Januaroffensive, die sich gegen strategisch wichtige Ortschaften, Militärobjekte, Straßen und Brücken richteten, fanden überall Unterstützung durch die Bevölkerung. In verschiedenen Orten wurden Barrikaden gegen das anrückende Militär errichtet, die Kampfgruppen der FMLN mit Lebensmitteln versorgt und verwundete Kämpfer betreut.

Regierung und militärische Führung zeigten sich äußerst besorgt über die Wucht der Offensive und die empfindlichen Verluste sowie die daraus entstandene militärische Lage. Ihre Reaktion ließ nicht lange auf sich warten. Über das ganze Land wurde das Kriegsrecht verhängt. Die Junta setzte in Richtung auf die umkämpften Gebiete neue Truppen in Marsch und ging zum Bombardement der befreiten Städte und Ortschaften über. Verstärkt wurden nun auch Panzer und schwere Artillerie gegen die Einheiten der FMLN eingesetzt. Ziel der Angriffsoperationen der Juntastreitkräfte war es, in den umkämpften Regionen wieder die militärische Initiative zu erlangen und dann allmählich die Rückzugsgebiete der Befreiungsfront «aufzurollen». Während in aller Welt die Solidarität mit dem leidgeprüften Volk El Salvadors erstarkte und sich Proteste gegen die Völkermordpolitik der Junta mehrten, verbündete sich die in- und ausländische Reaktion zur gemeinsamen Abwehr der «kommunistischen Bedrohung». Die USA lieferten Waffen und Ausrüstungen. Präsident Reagans damaliger Außenminister Haig sprach sich bereits im März 1981 für eine langfristige Militärhilfe der USA an die Junta aus. Dem Außenpolitischen Ausschuß des Repräsentantenhauses legte er einen Entwurf vor, der für 1982 eine Unterstützung in Höhe von 117,2 Millionen Dollar in Aussicht stellte. Gleich nach dem Beginn der FMLN-Offensive drangen honduranische Truppen in die nordöstlichen Provinzen El Salvadors ein, um sich an der Zerschlagung des Volkswiderstandes zu beteiligen. Auch die Machthaber Guatemalas setzten Einheiten ihrer Armee in Marsch, die in der nordwestlichen Provinz Ahuachapan die Grenze überschritten. Die Junta hatte natürlich auch nichts dagegen einzuwenden, daß etwa 500 ehemalige Somozasöldner ihre «wertvollen» Erfahrungen freiwillig zur Verfügung stellten. Sie wurden der 4. Infanteriebrigade mit Sitz in El Paradiso in der Provinz Chalatenango zugeordnet und stellten eine willkommene Stärkung der damals noch 16000 Mann starken Armee El Salvadors dar.

Angesichts dieses ungleichen Kräfteverhältnisses traten die Verbände der FMLN Ende Januar 1981 einen geordneten Rückzug an, in dessen Verlauf sie den

Regierungstruppen mit Spähpanzer AML H 90-7 mit 90-mm-Kanone im Einsatz gegen Einheiten der FMLN bei Suchitoto

Juntatruppen aber noch eine Reihe verlustreicher Gefechte lieferten, die sich bis in das Frühjahr hinzogen. Am 26. Februar gelang es den Streitkräften unter Einsatz von Kampfflugzeugen und schweren Waffen, die seit Wochen von der FMLN gehaltenen Städte San Esteban und San Lorenzo zurückzuerobern. Die sich nun gegen die von der FMLN kontrollierten Gebiete anschließenden «Säuberungs»aktionen brachten nicht die von der Militärführung erwarteten Ergebnisse. Im Verlauf der Offensive hatten die Befreiungskräfte ihre Rückzugsgebiete erweitert, vor allem Teile der Provinzen Morazán und Chalatenango sowie das Massiv um den Guazapa-Vulkan gehörten dazu und wurden mit äußerster Zähigkeit verteidigt. Die konzentrierten Schläge der Juntastreitkräfte richteten sich vorwiegend gegen die Stützpunkte in der Provinz Morazán, dem Kerngebiet des Widerstandes. Eine ihrer größten Aktionen begann am 9. März und endete am 3. April mit einem Mißerfolg. Insgesamt 1 600 Militärangehörige, Infanterie und Fallschirmjäger, rückten gegen die Stellungen der FMLN von La Guacamaya im Norden der Provinz Morazán vor. Unterstützt wurden ihre Operationen durch Aufklärungsflugzeuge, Hubschrauber, Kampfflugzeuge vom Typ «Fouga Magister», Artillerie und Granatwerfer. Nach wochenlangen Gefechten gelang es den Verteidigern in der Nacht zum 30. März, die Einkreisung durch Juntatruppen unbemerkt zu durchbrechen und die Stellungen zu räumen. Einen Tag später begann der Großangriff der Armee, der bis zum 3. April andauerte und größtenteils auf leere Stellungen traf. Schätzungen zufolge wurden bei dieser Operation durch Armeeangehörige etwa 1,4 Millionen Patronen und etwa 2 000 Granaten verschossen. Die Luftwaffe der Junta warf insgesamt 150 Spreng-, 4 Napalm- und 20 Phosphorbomben auf tatsächliche oder vermutete Stellungen der FMLN. Die Gesamtkosten der Operation beliefen sich auf ungefähr 1,2 Millionen Dollar. 54 Tote und Verwundete sowie ein Aufklärungsflugzeug und ein Hubschrauber waren der Verlust der Armee. Auf seiten der FMLN wurden bei dieser Aktion vier Kämpfer getötet und vier verwundet. Dieses Beispiel zeigt deutlich die Fähigkeit der bewaffneten Volkskräfte, einem weit überlegenen Gegner längere Zeit zu widerstehen und sich im geeigneten Moment ohne große Verluste auf andere Stellungen zurückzuziehen.

Wie sah nun für die «Befreiungsfront Farabundo Martí» die Gesamtbilanz der Januaroffensive aus? Welche Zielstellungen konnten erreicht und welche Vorstellungen mußten korrigiert werden? Die Führung der FMLN schätzte selbst ein, daß die Offensive noch weit von einer Endoffensive gegen das verhaßte Regime entfernt war. Die Streitkräfte des Volkes waren noch im Aufbau, es fehlte ihnen noch an modernen Ausrüstungen und Waffen sowie an Ausbildung, um einem gut gedrillten und mit modernster Kriegstechnik ausgerüsteten Gegner den entscheidenden Schlag versetzen zu können. Sie schätzte ferner ein, daß die Koordinierung der einzelnen militärischen Aktionen der FMLN bei landesweiten Offensiven künftig verbessert werden müsse. Auch konnten die Selbstverteidigungs- und Milizverbände zivile Massenaktionen nicht wirkungsvoll vor terroristischen Übergriffen seitens der Armee und des Sicherheitsapparates schützen. Dies waren auch Gründe dafür, daß die Hoffnung der FDR/FMLN-Führung auf den Ausbruch eines allgemeinen bewaffneten Volksaufstandes und die Durchführung eines landesweiten Generalstreiks nur ansatzweise erfüllt wurde. Es folgten zwar 80000 Arbeiter und 75000 Angestellte dem Aufruf zum Generalstreik, aber ein landesweiter Aufstand, der das gesamte Wirtschaftsleben des Landes lahmlegen würde, konnte nicht erreicht werden. Doch nicht nur innere Faktoren begrenzten den Erfolg der Offensive. Mit dem Beginn der Reagan-Administration begann sich das äußere Kräfteverhältnis zuungunsten der Patrioten zu gestalten, waren sie mehr und mehr mit der Macht des USA-Imperialismus direkt konfrontiert.

Obwohl die militärischen Operationen der FMLN vielerorts breite Unterstützung durch die Bevölkerung erhielten, blieb der bewaffnete Volksaufstand aus. Shafik Jorge Handal, Generalsekretär der Kommunistischen Partei und Mitglied des Oberkommandos der FMLN, betonte in einer Analyse jener Ereignisse, daß sich der Höhepunkt der revolutionären Situation im Lande 1980 entwickelte und sich in machtvollen Protestaktionen und Streiks zeigte. Zu dieser Zeit fehlte aber noch eine geeinte revolutionäre Avantgarde mit großem politischem Einfluß unter den Massen und ausreichender militärischer Schlagkraft. In den letzten Monaten des Jahres 1980 entwickelten sich die zivilen Massenproteste durch den immer größere Ausmaße annehmenden Terror der Junta und ihres Unterdrückungsapparates rückläufig. Nun existierte zwar in Gestalt der FDR/FMLN eine revolutionäre Avantgarde, sie war aber noch nicht in der Lage, dem Regime militärisch den entscheidenden Schlag zu versetzen und über die Selbstverteidigungs- und Milizformationen einen ausreichenden Schutz von Demonstranten und Streikenden zu gewährleisten. Mehr und mehr ging die Führung der FMLN von der Konzeption einer allgemeinen bewaffneten Volkserhebung ab und richtete sich auf einen längerwährenden Kampf ein. Neben der beharrlichen politischen Arbeit unter den Volksmassen sollten Bewaffnung, Ausrüstung und Ausbildung der Kampfeinheiten verbessert werden, um mit neuen Offensiven den Gegner zermürben und demoralisieren zu können und das Vertrauen des Volkes in die gewachsene Stärke der FMLN weiter zu festigen.

Obwohl einige wesentliche Zielsetzungen der Offensive nicht oder nur teilweise erreicht werden konnten, kommt ihr im gesamten Verlauf des bewaffneten Kampfes eine große Bedeutung zu. Zum ersten Mal führten Tausende Kämpfer der erst in der Entwicklung befindlichen FMLN landesweit an vier Fronten zugleich koordinierte militärische Aktionen durch, demonstrierten ihre durch die Einigung gewachsene Stärke und die Fähigkeit zu großer taktischer Flexibilität. Sie sammelten ferner wertvolle militärische Erfahrungen, erbeuteten zahlreiche Waffen und Ausrüstungsgegenstände und gewannen während der Operationen in den verschiedenen Landesteilen neue Kämpfer. Das wohl wichtigste Ergebnis der Offensive war aber die Eroberung und Festigung von Gebieten, über die das Militär faktisch keine Kontrolle mehr hatte. Diese entwickelten sich nach und nach zu sogenannten befreiten Gebieten, deren Existenz den weiteren Verlauf des bewaffneten Kampfes ganz entscheidend beeinflussen sollte.

Die befreiten Gebiete: Hinterland des Kampfes, Keimzellen einer neuen Gesellschaft

Als bedeutsames Ergebnis der Januaroffensive und der mit dem vorläufigen Rückzug verbundenen Abwehrgefechte entstanden in neun von insgesamt 14 Provinzen El Salvadors größere Gebiete, die sich fest unter der Kontrolle der FMLN befanden. Es waren Teile der Provinzen Morazán, Chalatenango, Cabañas, Cuscatlán, San Salvador, Usulután, San Vicente, San Miguel und La Unión. Nun erst konnte die FMLN-Führung den Aufbau ständig unter Waffen stehender Volksstreitkräfte vorantreiben. Gleichzeitig erhielt die politische Massenarbeit unter der dort lebenden Bevölkerung eine stabile Grundlage. Die Einnahme und dauerhafte Kontrolle bestimmter Gebiete kennzeichneten somit zugleich ein höheres Entwicklungsniveau des bewaffneten Volkskampfes.

Betrachtet man dessen «klassische» Entwicklung, läßt sich eine grobe Einteilung in folgende Etappen vornehmen: Zunächst handeln nur kleine bewaffnete Widerstandsgruppen, die zeitweise Angriffe auf isolierte Militär- und Polizeistationen vortragen oder durch gezielte Sabotage für den Gegner wichtige Objekte und Einrichtungen zerstören. Diese Gruppen verfügen meist weder über Stützpunkte noch über ein ausgedehntes Hinterland. Ihr «Hinterland» ist das bürgerliche Leben in Städten und Ortschaften, wo sie ihrer Tätigkeit als Studenten, Arbeiter, Lehrer oder Angestellter nachgehen. So vollzieht sich in dieser Etappe des Widerstandes ein ständiger Wechsel zwischen bewaffnetem Kampf und «normalem» Alltagsleben.

Eine höhere Stufe, die sich oftmals aus der ersten entwickelt oder von Anfang an den Charakter des Widerstandes bestimmt, ist die Bildung mobiler Kampfeinheiten der Volkskräfte. Diese Kampfeinheiten verfügen über Stützpunkte in schwer zugänglichen Gebieten und stehen ständig unter Waffen. Das Umfeld der Stützpunkte ist meist nicht oder nur dünn besiedelt, so daß der Kontakt mit der Bevölkerung und die Rekrutierung neuer Kämpfer sehr erschwert werden. Die Unterstützung der bewaffneten Volkskräfte ist für die Einwohner nahe gelegener Ortschaften mit einem großen Risiko verbunden. Setzt der Terror von Armee und Sicherheitskräften ein, müssen viele Menschen ihre Städte und Siedlungen verlassen. Sie fliehen in die Kampfzonen, wo ihnen die Widerstandsgruppen aber kaum eine wirkungsvolle Unterstützung und Versorgung gewähren können. Die Stützpunkte als Rückzugsgebiet und Kampffront zugleich müssen oftmals verlegt werden und lassen insge-

Leichter Panzer M 3 «Stuart»: Dieser in den Armeen El Salvadors und Guatemalas eingesetzte leichte Panzer M 3 «Stuart» wurde in den USA während des 2. Weltkriegs produziert und ist heute Bestandteil der Bewaffnung zahlreicher lateinamerikanischer Streitkräfte. Besatzung: 4 Mann; Länge: 4,46 m; Breite: 2,30 m; Höhe: 2,47 m; Masse: 12,4 t; Bewaffnung: 1 Kanone 37 mm und bis zu 5 MG .30 (7,62 mm); Geschwindigkeit: max. 57 km/h; Fahrbereich: 112 km (Straße)

samt nur einen begrenzten Aktionsradius der Kämpfer zu.

Die Geschichte des bewaffneten Widerstandes in Lateinamerika, aber auch in anderen Teilen der Welt, zeigt deutlich, daß zahlreiche Befreiungsorganisationen längere Zeit auf dieser Entwicklungsstufe verharrten, manche konnten sie niemals überwinden, andere wurden sogar vernichtet. Dies widerfuhr großen Teilen der lateinamerikanischen Guerilla der 60er Jahre, welche die revolutionäre Situation im Land überschätzten oder sie überhaupt erst schaffen wollten, aber keine Verbindung zum zivilen Massenkampf des Volkes und seinen Organisationen herstellen konnten. Ist eine solche Verbindung vorhanden und der bewaffnete Kampf ein Element des breiten Volkswiderstandes, dann werden die bewaffneten Organisationen durch die Bevölkerung weitgehend unterstützt, ihre Kämpfer finden Unterschlupf und Versorgung, erhalten allerorts wertvolle Hinweise und Informationen, die die Schlagkraft ihrer militärischen Aktionen erhöhen und die Zahl der eigenen Opfer möglichst gering halten.

Nur unter diesen Bedingungen können fest kontrollierte Gebiete erobert oder erweitert werden, die dann der nächste unerläßliche Schritt zur Bildung zahlenmäßig starker revolutionärer Streitkräfte sind. Diese Entwicklungsstufe war Mitte 1981 in El Salvador erreicht. Die FMLN verfügte nun über ein festes Hinterland, in dem Kampfeinheiten aufgebaut und ausgebildet werden konnten, die ausschließlich militärische Aufgaben hatten. Aber nicht nur als feste Ausgangsbasis für militärische Aktionen mit großem Aktionsradius hatte dieses Hinterland eine Bedeutung. Es wurde für die Kämpfer und für die dort lebende Bevölkerung zu einer zweiten Heimat, in der sich Keimformen einer neuen Gesellschaft entwikkelten. Es bildete sich eine Lebensweise heraus, die durch gegenseitige Solidarität, Demokratie und kollektive Produktion gekennzeichnet war. In den kontrollierten Gebieten entstanden Selbstverwaltungsorgane des Volkes, wurden Miliz- und Selbstverteidungsformationen gebildet und die Produktion organisiert. Die Bevölkerung trug durch Ackerbau und Viehzucht zu einer wenn auch noch spärlichen, aber doch relativ stabilen Versorgung der Gebiete mit Nahrungsmitteln bei. In kleinen Werkstätten wurden Produkte des täglichen Bedarfs hergestellt, Waffen repariert und sogar angefertigt, ebenso Minen, Sprengsätze, einfache Wurfgranaten und militärische Ausrüstungsgegenstände. Allmählich entstanden auch Schulen zur Alphabetisierung, Kurse zu Fragen der Hygiene und des vorbeugenden Gesundheitsschutzes, Arztstützpunkte, Apotheken und mobile Krankenstationen. Große Bedeutung maß die Führung der FMLN der politischen und militärischen Schulung der Kampfeinheiten und ihrer Kommandeure bei.

Zeitweilig waren die Möglichkeiten politischer Massenarbeit in den Städten und Regionen, die noch von den Juntatruppen kontrolliert und terrorisiert wurden, sehr begrenzt; dies konnte zum Teil durch neue und stabile Formen der politischen Arbeit in den FMLN-Gebieten ausgeglichen werden. 1982 gab es in der Provinz Chalatenango solch ein Gebiet von 1 000 Quadratkilometern mit 90 Ortschaften und insgesamt 45 000 Einwohnern. Ein zweites befand sich in Morazán und zählte 40 000 Einwohner. Um das Guazapa-Massiv der Provinz Cuscatlán existierte ein FMLN-Territorium mit 35 000 Menschen. Größere kontrollierte Gebiete befanden sich ferner in den Provinzen San Vicente, San Miguel, Usulatán und La Paz. Dort lebten zwischen 12 000 und 30 000 Menschen. Insgesamt hatten die von der FMLN kontrollierten Gebiete zu jener Zeit etwa 200 000 Einwohner. Mit dem erfolgreichen Voranschreiten des revolutionären Befreiungs-

Bauernmilizionäre

Einfache Schußwaffen, Granaten, Bomben, Explosivkörper aus Tontöpfen, Molotow-Cocktails werden oft in Werkstätten der FMLN selbst gefertigt

kampfes erweiterten sich diese Regionen. Umfaßten sie 1982 noch 4 000 Quadratkilometer, waren es 1984 bereits 7 000 Quadratkilometer, mit einer Bevölkerungszahl von etwa 250 000 Menschen. Die kontrollierten Gebiete bildeten die Grundlage dafür, daß die Verbände der FMLN die schwierige Anfangsphase des Volkskrieges erfolgreich überwanden, sich mehr und mehr zu einer revolutionären Armee entwickelten und gegenwärtig in 12 von insgesamt 14 Provinzen El Salvadors operieren können.

Dollars und Waffen für einen schmutzigen Krieg

Nach der Januaroffensive des Jahres 1981 hatten die Kämpfer den geordneten Rückzug in die von der FMLN kontrollierten Gebiete angetreten. In der Zeit von Februar bis Juni gelang es der Befreiungsfront nicht nur, diese Zonen erfolgreich gegen die Angriffe nachrückender Armee-Einheiten zu verteidigen, sondern auch ihre Kräfte zu reorganisieren, die Ausbildung der Kämpfer sowie die Koordinierung der militärischen Aktionen zu vervollkommnen und neue taktische Varianten für künftige Operationen zu erarbeiten. Bereits im Juli ging die FMLN erneut in die Offensive. Besonders charakteristisch für ihr Vorgehen war die verstärkte Kombination verschiedener Kampfmethoden. Das Ziel bestand darin, durch die Vernichtung strategisch wichtiger Einrichtungen dem Gegner empfindliche Verluste an Menschen und Kriegsmaterial zuzufügen sowie die gesamte wirtschaftliche Basis der Junta zu lähmen. Gefechte mit Juntatruppen, die zeitweilige Besetzung von Städten und ländlichen Siedlungen, Angriffe auf Kasernen und Militärkonvois dienten vor allem der Beschaffung von Waffen und Ausrüstungen und der Demoralisierung der Truppen. Parallel dazu führten Kommandos der FMLN zunehmend Aktionen gegen Einrichtungen der Energieversorgung und des Verkehrswesens durch. Das wohl spektakulärste Ereignis dieser Art war die Sprengung der etwa 1 000 Meter langen «Goldenen Brücke» über den Rio Lempa, die den Ostteil El Salvadors mit dem Westen verband. Diese Aktionen beeinträchtigten nicht nur die Wirtschaft des Landes spürbar, sondern hatten auch eine militärische Bedeutung; strategisch wichtige Nachschub- und Verbindungswege des Gegners wurden unterbrochen. Außerdem mußte nun eine erhebliche Zahl von Militärangehörigen zur Bewachung und zum Schutz ökonomisch und militärisch bedeutsamer Objekte abgestellt werden.

Großes Aufsehen erregte der Angriff einer FMLN-Einheit gegen den nahe der Hauptstadt gelegenen Militärflugplatz Ilopango am 27. Januar 1982. Dabei wurden 20 Flugzeuge und 8 Hubschrauber am Boden zerstört; das waren 70 Prozent der damals verfügbaren Luftwaffe. Die gewachsene Kampfkraft der FMLN wird auch deutlich, wenn man sich die Verluste des Militärs an Menschen und Material vor Augen führt. In der Zeit von Juli 1981 bis Februar 1982 wurden 957 Soldaten und Offiziere außer Gefecht gesetzt. Außerdem erbeutete die Befreiungsfront zahlreiche Infanteriewaffen, 2 Geschütze, 2 Granatwerfer, einige Maschinengewehre und Bazookas sowie insgesamt 77 000 Schuß Munition unterschiedlichsten Kalibers. Erstmals fielen den Kämpfern der FMLN in dieser Periode auch zahlreiche Gefangene in die Hände, die gemäß der Genfer Konvention behandelt wurden.

Bereits in dieser Zeit wurde deutlich, daß die militärische Initiative Schritt für Schritt an die FMLN überging. Die Junta wäre ohne die massive militärische und finanzielle Unterstützung durch die USA längst vom Widerstand des Volkes hinweggefegt gewesen. Noch 1980 hatte die Junta etwa 80 Prozent der Waffenkäufe – mit Krediten aus den USA – in Israel getätigt, nach dem Amtsantritt Reagans gelangte die militärische «Hilfe» nun auf direktem Weg ins Land. Da sich immer

Angehörige der FMLN bei der Ausbildung mit modernen Infanteriewaffen

Angehöriger des Bataillons «Atlacatl» mit 81-mm-Granatwerfer

deutlicher zeigte, daß Armee, Luftwaffe und Sicherheitsapparat unfähig waren, der FMLN den lang angekündigten Todesstoß zu versetzen, beschloß man deren Erweiterung und Modernisierung. Große Bedeutung hatte ferner die Vermittlung des konterrevolutionären «Know-how» zur «Befriedung» von Unruhegebieten, das USA-Militärs in Vietnam und anderen Ländern der Welt erworben hatten. Die Armee El Salvadors wurde von 18 000 Mann im Jahre 1979 auf 33 000 Mann im Jahre 1982 verstärkt. Die bisher geführten Infanteriewaffen wurden generell durch das amerikanische Sturmgewehr M-16 abgelöst, was die Feuerkraft der Truppen wesentlich erhöhen sollte. Der imperialistische Bündnispartner im Norden schickte Kampfflugzeuge A-37 B «Dragonfly», Hubschrauber vom Typ Huey UH-lH, Transportmaschinen des Typs C-123, schwere Maschinengewehre, Ausrüstungen, Nachrichtenmittel und militärische Berater. Parallel dazu entstanden drei Eliteeinheiten der salvadorianischen Armee, die Bataillone «Atlacatl», «Atonatl» und «Ramón Belioso», die in den USA gedrillt wurden und denen besondere Aufgaben bei der Aufstandsbekämpfung zugedacht waren. Sie gehörten zu den Einheiten, die mit besonders barbarischen Methoden gegen die Zivilbevölkerung vorgingen. Das gilt vor allem für das etwa 1 000 Mann starke «Atlacatl»-Bataillon, das von ausländischen Berichterstattern als «Waffen-SS» El Salvadors bezeichnet wird. Die Angehörigen dieser Einheit haben sich bei zahlreichen Einsätzen ungeheuerlichster Verbrechen schuldig gemacht. Sie gingen vom selektiven Terror gegenüber der Zivilbevölkerung zum Massenmord über. Im Zuge der gegen die FMLN 1981/82 vorgetragenen Offensiven der Junta wurden ganze Ortschaften durch diese Einheit – ähnlich Lidice und Oradour im zweiten Weltkrieg – dem Erdboden gleichgemacht und sämtliche Einwohner erschossen, gehenkt, erschlagen oder bei lebendigem Leibe verbrannt. Auf ihr Konto geht auch die Ermordung von 1 500 Zivilisten, darunter Frauen, Kinder und Greise, die vor dem Bombenhagel aus den Dörfern Yarula und Santa Elena in der Provinz Morazán geflohen waren, um in einer nahe gelegenen Höhle Zuflucht zu finden. Der Eingang der Höhle wurde durch Sprengbomben verschüttet, und alle Flüchtlinge fanden einen grausamen Tod. So ist es kein Wunder, daß die FMLN-Verbände diese Bataillone mit besonderer Intensität bekämpften. In den Jahren 1982 und 1983 konnten sie ihnen bereits empfindliche Verluste zufügen. Vor allem die Bataillone «Ramón Belioso» und «Atlacatl» verloren große Teile ihres ursprünglichen Mannschaftsbestandes und mußten durch Zuführung neuer Kontingente auf ihre Kampfstärke gebracht werden.

Der schmutzige Krieg gegen das eigene Volk brachte der Junta nicht den gewünschten Erfolg. Die großangelegte Operation «Hammer und Amboß» Ende 1981/Anfang 1982 sollte die FMLN vernichten und so die gewünschte politische Ausgangsbasis für die Wahlen schaffen, die für März 1982 angekündigt waren. Doch auch an dieser Front gelang der herrschenden Klasse kein entscheidender

Durchbruch. Große Teile der Bevölkerung beteiligten sich nicht an den Wahlen, andere wurden an die Urne gezwungen. Der aus dieser Wahlfarce als «Sieger» hervorgegangene neue Präsident Mangaña, offiziell als «gemäßigter» Politiker angepriesen, war in Wahrheit eng mit der reaktionären Militärführung und der rechtsextremistischen Terrororganisation ORDEN verbunden. Bereits kurze Zeit nach seiner Wahl ordnete er in Übereinstimmung mit der Armeeführung den «endgültigen Angriff» auf die FMLN an. Der nun schon das zweite Jahr andauernde Krieg forderte nicht nur unzählige Menschenleben, die den Macht- und Profitinteressen einer kleinen Clique geopfert wurden, er verschlang auch immer größere finanzielle und materielle Mittel. Verluste an Söldnern und Kriegsmaterial mußten ausgeglichen werden, die Modernisierung der Bewaffnung und Ausrüstung verschlang ungeheure Summen, ebenso die Ausbildung immer neuer Einheiten. 15 Millionen Dollar hatte es allein gekostet, das Bataillon «Ramón Belioso» zu formieren und auszubilden.

Das Blatt wendet sich

Der von Präsident Mangaña angekündigte «endgültige Schlag» gegen die Befreiungsfront und die von ihr kontrollierten Gebiete begann am 27. Mai 1982. Armeeverbände in der Stärke von etwa 5 000 Mann, darunter die Elitebataillone «Atlacatl», «Atonatl» und «Ramón Belioso», marschierten in die nördlichen Provinzen, um die FMLN in ihren Gebieten einzuschließen und zu vernichten. Am 5. Juni kam es am El Moscardón zu einer Schlacht, die gewissermaßen einen Wendepunkt im Verlauf des Volkskrieges darstellte. Das Mangaña-Regime hatte hier über 4 000 Soldaten und Offiziere konzentriert, die die Stellungen der Befreiungsfront angriffen. Unterstützung erhielten sie durch Flugzeuge und Hubschrauber. Die FMLN-Einheiten lagen unter starkem Artilleriebeschuß. Zudem mußten sie noch gegen Kontingente der honduranischen Armee kämpfen, die tief in das Territorium El Salvadors eingedrungen waren, um die Juntatruppen zu entlasten. Trotz sorgfältiger Vorbereitung der Operation und großer Überlegenheit an Militärtechnik und Feuerkraft verlor das Militär diese Schlacht. Die Verbände der FMLN besetzten eine Reihe von Ortschaften und zerschlugen im Verlauf der Kämpfe zwei Kompanien des Gegners. In dieser Schlacht wurde auch ein Armeehubschrauber abgeschossen, in dem sich hohe Offiziere der Streitkräfte befanden. Dabei kam der Kommandeur der sechsten Brigade, Oberst Beltrán, ums Leben, und der stellvertretende Verteidigungsminister Oberst Castillo wurde gefangengenommen.

Während dieser großen Operation und in den Folgemonaten bis zum Oktober erbeuteten die bewaffneten Volkskräfte 650 Schützenwaffen, mehr als 20 Geschütze, Granatwerfer und schwere Maschinengewehre sowie etwa 80 000 Patronen. 1 700 Militärangehörige wurden getötet oder verwundet. 235 Soldaten und Offiziere gerieten in Gefangenschaft. Das Scheitern dieser von Eliteeinheiten vorgetragenen Angriffsoperation gegen die Gebiete der FMLN und die hohen Verluste der Juntatruppen bewirkten eine zunehmende Demoralisierung und einen Prozeß der Zersetzung innerhalb der Streitkräfte. Diese verloren außerdem die militärische Kontrolle über weitere Gebiete des Landes und mußten in die Defensive gehen. In den einzelnen Truppenteilen häuften sich Fälle von Ungehorsam gegenüber Vorgesetzten, und Desertionen nahmen immer größere Ausmaße an.

Die FMLN dagegen konnte in den militärischen Aktionen des Jahres 1982 ihre Kampfkraft stärken sowie ihre Bewaffnung und Ausrüstung durch erbeutete Armeebestände vervollkommnen. Neben

Gefechtsvorbereitung in einem Stab der FMLN

den militärischen Operationen trug vor allem die Vernichtung wichtiger Wirtschaftseinrichtungen und Verkehrsverbindungen zur weiteren Schwächung des Regimes bei.

Im Verlaufe des Jahres 1982 begann sich das Kräfteverhältnis im Land immer stärker zuungunsten der Regierungstruppen zu entwickeln. In zahlreichen Regionen ging die Inititative an die Befreiungsfront über. Die FMLN/FDR fand auch zunehmend internationale Anerkennung sowie politische Unterstützung in ihrem gerechten Kampf gegen die volksfeindliche Diktatur.

Diese Entwicklung wurde jedoch im Jahre 1983 von einem tragischen Ereignis überschattet, das bei vielen Sympathisanten des bewaffneten Widerstandes Betroffenheit auslöste: Salvador Cayetano Carpio (Commandante Marcial), Mitglied des Generalkommandos der FMLN, Begründer und längjähriger Führer der in sie integrierten «Volksbefreiungskräfte« (FPL), setzte seinem Leben ein Ende. Der 1919 geborene Carpio war 1947 der Kommunistischen Partei El Salvadors (KPES) beigetreten, in der er wichtige Funktionen bekleidete. Zwischen 1952 und 1957 befand er sich in Haft und danach im Exil. Nach seiner Rückkehr wurde er zum Generalsekretär der KPES gewählt. Im Jahre 1970 verließ er die Partei und begann mit dem Aufbau bewaffneter Widerstandsgruppen, aus denen später die FPL hervorgingen, die im Oktober 1980 Bestandteil der FMLN wurden. Im Verlauf der Entwicklung der Befreiungsfront wandte er sich mehr und mehr gegen eine von der FMLN-Führung angestrebte politische Lösung des militärischen Konflikts in El Salvador und betonte die führende Rolle der FPL innerhalb der Befreiungsfront. Er entfernte sich allmählich von der Basis der Befreiungsfront und von der übrigen Führung und betrieb einen immer stärkeren Kult um seine Person. Die Mitglieder des Zentralkommandos der FPL kritisierten ihn mehrfach wegen dieser Haltung, glaubten aber, daß Comandante Marcial, der Begründer und fast schon legendäre Führer ihrer Organisation, seine Fehler einsehen und überwinden würde. Er stellte sich jedoch weiterhin gegen die kollektive politische und militärische Führung und versuchte vor allem, seine Stellvertreterin Mélida Anaya Montes (Comandante Ana Maria), in der er zunehmend eine Rivalin sah, politisch und moralisch zu verunglimpfen. Carpio war deshalb in einen so großen Gegensatz zu Ana Maria geraten, weil sie konsequent die kollektiv beratene und beschlossene Linie der FMLN-Führung vertrat und sich stets für eine völlige Gleichberechtigung aller in die FMLN integrierten militärisch-politischen Organisationen aussprach. Der tiefe politische und moralische Verfall Carpios wurde besonders deutlich, als er Comandante Ana Maria am 6. April 1983 ermorden ließ. Nach der Aufdeckung dieser unwürdigen Tat durch seine Kampfgefährten nahm er sich das Leben. Eine kleine Gruppe ihm fanatisch ergebener Anhänger verließ daraufhin die FPL und gründete eine eigene kleine bewaffnete Gruppe, die «Revolutionäre Arbeiterbewegung Salvadors Cayetano Carpio», die aber rasch zu völliger politischer und militärischer Bedeutungslosigkeit herabsank. In zahlreichen Diskussionen innerhalb der FMLN und vor allem der FPL wurden nach dem tragischen Tod der großen Revolutionärin des salvadorianischen Volkes vor allem die Notwendigkeit des noch stärkeren Zusammenschlusses aller in der FMLN kämpfenden Kräfte und deren gleichberechtigte Stellung innerhalb der Gesamtbewegung betont. Shafik Jorge Handal hob in einem 1985 der Zeitschrift «Horizont» gewährten Interview hervor, daß der Einigungsprozeß innerhalb der Befreiungsfront einen solchen Stand erreicht habe, daß das Oberkommando der FMLN im Juni 1985 den Kurs auf eine einheitliche Partei und eine vereinte Formation der bewaffneten Kräfte beschließen konnte.

Trotz der tragischen Ereignisse um Commandante Marcial war die militärische und politische Gesamtbilanz des Jahres 1983 für die bewaffneten Kräfte der Befreiungsfront außerordentlich günstig: Insgesamt besetzten ihre Einheiten zeitweilig oder dauerhaft 106 Städte und Ortschaften und sprengten 23 strategisch wichtige Brücken. Etwa 7000 Soldaten und Offiziere wurden außer Gefecht gesetzt, 1500 Militärangehörige traten den Weg in die Gefangenschaft an. Der Befreiungsfront fielen 3206 Schützenwaffen, 61 Maschinengewehre, 53 Bazookas, 22 Geschütze, 40 Granatwerfer verschiedener Kaliber, 10 leichte Maschinengewehre sowie große Mengen an Munition in die Hände.

Eines der größten militärischen Desaster für das Regime war jedoch die Einnahme der als unbezwingbar geltenden Kaserne der 4. Infanteriebrigade in El Paraiso (Provinz Chalatenango). Am Morgen des 30. Dezember 1983, genau um 2.00 Uhr hatten starke Verbände der FMLN den Angriff auf die Kaserne begonnen. Nach einer zweistündigen Beschießung mit 90-mm-Geschützen und Granatwerfern verschiedener Kaliber begannen die Kämpfer mit der Einnahme des Objektes. 14 Stunden währte der zähe Kampf, der mit einer der schwersten Niederlagen der Juntatruppen endete. Die

Eine der vielen Frauen aus den Reihen der FMLN, bewaffnet mit einem Sturmgewehr M-16

FMLN erbeutete eine größere Menge an amerikanischen Sturmgewehren, Maschinengewehre, Geschütze, Granatwerfer und Funkgeräte. Die gesamte militärische Einrichtung der Kaserne, 4 gepanzerte Fahrzeuge sowie 14 Lastkraftwagen und Jeeps wurden zerstört. 300 Soldaten und Offiziere ließen in diesem Gefecht ihr Leben oder wurden verwundet, 200 Militärangehörige gingen in die Gefangenschaft.

Die Hoffnung auf Frieden erfüllt sich nicht

Das Jahr 1984 brachte gleich am ersten Tag eine neue Hiobsbotschaft für die Junta unter Präsident Mangaña. Eine Kommando-Einheit der FMLN sprengte die über den Rio Lempa führende Cuscatlán-Brücke und blockierte damit den gesamten Verkehr auf der strategisch wichtigen panamerikanischen Fernstraße. Im Zusammenhang mit der militärischen Initiative der Befreiungsfront drückten führende Militärs, vor allem aber US-amerikanische Berater, immer häufiger ihre tiefe Besorgnis über den moralischen Zustand der Truppen aus, der durch stark um sich greifende Resignation, Zermürbungserscheinungen und sinkende Disziplin gekennzeichnet war. Desertion und Befehlsverweigerungen nahmen zu. Ende Dezember 1983 wurden bereits 150 zumeist junge Offiziere verhaftet, weil sie ihren Kommandeuren den Gehorsam verweigert hatten. Im gleichen Monat desertierten mehrere hundert Soldaten, davon 70 aus dem Bataillon Atlacatl, das in den Gefechten mit FMLN-Einheiten große Verluste hinnehmen mußte.

Bedenkt man, daß von 1981 bis Ende 1985 etwa 22 000 Soldaten und Offiziere der Juntaarmee außer Gefecht gesetzt wurden, und stellt ferner in Rechnung, daß diese ihre Stärke von 33 000 Mann im Jahre 1982 auf 46 000 Mann im Jahre 1985 erhöhte, wird deutlich, woher dieser Zuwachs kommen mußte. Nicht von ungefähr berichteten Pressemeldungen der letzten Jahre von zum Teil gewaltsamen Rekrutenaushebungen. Immer mehr junge Menschen, meist Söhne von Kleinstbauern, Landarbeitern und Halbproletariern, wurden gezwungen, die stark gelichteten Reihen der Juntatruppen aufzufüllen und sich für fremde Interessen verheizen zu lassen. Um Zersetzungserscheinungen und mangelndem Kampfgeist entgegenzuwirken, wurden die Bezüge der Soldaten aufgebessert. So verdient nun ein Soldat in den ersten beiden Dienstjahren 100 Prozent mehr als ein Landarbeiter, leistet er länger Dienst, erhält er 400 Prozent mehr, und bei einem Eintritt in die Kampfbataillone sind es sogar 600 Prozent. Zweifelsohne war dies für manche Jugendlichen verlokkend, die Zersetzungs- und Demoralisierungserscheinungen jedoch wird ein höherer Sold nicht entscheidend verändern, da deren Ursache in den hohen Verlusten der Truppen, in barbarischen Einsatzbefehlen gegen die eigene Bevölkerung und letztlich in der politischen Gesamtsituation des Landes liegt.

Die immer stärkere militärische und finanzielle Unterstützung der Junta durch die USA, die den schon faulenden Körper der Diktatur noch künstlich am Leben hält, ist ebenfalls ein deutliches Zeichen ihrer wachsenden Schwäche. Parallel zu den militärischen Erfolgen der FMLN entwickelten sich ab 1984 auch die zivilen Massenaktionen der Bevölkerung. Allein 1984, im Jahr der Wahl des jetzigen Präsidenten José Napoleón Duarte, fanden 112 Streikaktionen im Lande statt, an denen insgesamt 350 000 Werktätige beteiligt waren. In den ersten fünf Monaten des Jahres 1985 befanden sich 200 000 Menschen im Ausstand, und am 1. Mai 1985 kam es in San Salvador zu einer Massendemonstration, an der 40 000 Werktätige teilnahmen. Sie war die größte Manifestation in der Landeshauptstadt nach 1980.

Diese Ereignisse deuten alle darauf hin, daß sich das Regime in einer tiefen politischen Krise befindet und immer weiter in die Isolierung gerät. Dazu trug sicher auch die Tatsache bei, daß die Regierung die seit 1981 von der FDR/FMLN gemachten Angebote über Verhandlungen zur politischen Lösung des militärischen Konflikts bis 1984 strikt ablehnte. Erst als sich das Kräfteverhältnis zugunsten der FMLN veränderte, sah sich die Regierung Duarte im Oktober 1984 gezwungen, den Dialog mit der FDR/FMLN aufzunehmen. Dieser Dialog zwischen den organisierten Kräften der Opposition und der Regierung förderte das internationale Ansehen der Volksorganisationen, die von der Junta offiziell als Gesprächspartner anerkannt wurden. In der Bevölkerung, die die Hauptlast des nunmehr bereits vier Jahre währenden Krieges zu tragen hatte, nährte das Treffen die Hoffnung auf einen baldigen Frieden. Doch bis heute ist die Weiterführung des Dialogs auf Eis gelegt, gab es keine sichtbaren Ergebnisse. Die eigentlichen Ursachen dafür liegen in den Befürchtungen der herrschenden Clique und ihrer US-amerikanischen Bündnispartner, daß – angesichts der in El Salvador entstandenen

Lage und der großen internationalen Solidarität mit dem kämpfenden Volk – politische Verhandlungen und deren Ergebnisse Positionsverluste für sie bedeuten würden. So täuschten sie Verhandlungsbereitschaft vor, um damit ihre Strategie einer militärischen Lösung des Konflikts zu tarnen. Die zu Verhandlungen bereiten Kreise der Bourgeoisie und der Regierung El Salvadors gerieten allmählich immer stärker unter den Druck extrem rechter Führungsgruppen der Armee und der Reagan-Administration, die auf die militärische Lösung des Konfliktes orientieren. Nicht umsonst erklärte Reagan: «Wenn El Salvador zusammenbricht, wird kein Land in Mittelamerika mehr sicher sein ... Wenn wir uns dort nicht verteidigen können, dann können wir auch nicht damit rechnen, uns anderswo behaupten zu können.» Um ebendiesen ohne die Hilfe der USA unvermeidlichen Zusammenbruch des Regimes in El Salvador zu verhindern oder möglichst lange hinauszuzögern, intensivierten die USA ihre «Hilfeleistungen». Ihre Berater verstärkten die Ausbildung von Piloten und Spezialeinheiten zur Guerillabekämpfung. Von den USA-Militärflugplätzen steigen inzwischen ständig Aufklärungsflugzeuge vom Typ «Mohawk» auf und überfliegen die von der FMLN kontrollierten Gebiete sowie die umkämpften Zonen des Landes. Aufgrund ihrer Informationen können die Stäbe der Regierungstruppen jederzeit innerhalb weniger Minuten Informationen über alle Konzentrationen oder Bewegungen von FMLN-Einheiten abrufen. Nach wie vor berennen Streitkräfte der Junta die Stellungen der Befreiungsfront, belegt die Luftwaffe kontrollierte Gebiete und dörfliche Siedlungen mit Bombenteppichen, wie zu Beginn des Jahres 1986 in der Region um den Vulkan Guazapa. Der jetzige Erzbischof von San Salvador, Arturo Rivera y Damas, stellte sich bereits mehrfach als Vermittler zur Verfügung, um Verhandlungen zwischen Regierung und FDR/FMLN anzubahnen. Er weilte im Januar 1986 in den von der Befreiungsfront kontrollierten Gebieten und erlebte selbst die barbarischen Bombardements gegen die Zivilbevölkerung.

Auch in jünster Zeit hat die FMLN bewiesen, daß sie nicht aus Schwäche für Verhandlungen eintritt. Trotz immer modernerer technischer Ausrüstung und mehrfach erhöhter Feuerkraft der Truppen des Regimes konnte die FMLN ihre Reihen weiter stärken, sich neuen taktischen Erfordernissen anpassen und dem Gegner immer wieder empfindliche Verluste zufügen. Allein in den Monaten August und September 1985 setzten ihre Einheiten etwa 1240 Soldaten und Offiziere des Gegners außer Gefecht. Für ihre große Schlagkraft spricht auch die am 10. Oktober desselben Jahres erfolgte Einnahme und zeitweilige Besetzung des «Zentrums für militärische Ausbildung der Streitkräfte» (CEMFA) im Hafen von La Unión. Diese Aktion wurde anläßlich des 5. Jahrestages der Gründung der FMLN durchgeführt, durch sie verlor die Junta 272 Angehörige ihrer Streitkräfte; in den Gefechten der ersten beiden Monate des Jahres 1986 waren es über 600 Mann. Allein in der gegen das Guazapa-Massiv gerichteten Operation «Fenix» ließen 135 Soldaten und Offiziere ihr Leben oder wurden verwundet. Da die Regierungsstreitkräfte in der letzten Zeit durch die Sprengung von Brücken und die zunehmende Blockierung strategisch wichtiger Verkehrsverbindungen verstärkt zum Luftkrieg und Lufttransport von Truppen übergingen, kommt der Vernichtung von Flugzeugen und Hubschraubern durch die FMLN eine besondere Bedeutung zu. 1985 gelang es ihren Einheiten erneut, eine größere Zahl von Hubschraubern und Kampfflugzeugen zu beschädigen oder zu vernichten. Allein im August waren es 5 Hubschrauber des Gegners, darunter 4 vom Typ Huey UH-lH, deren Stückpreis bei 544550 Dollar liegt.

So geht der Krieg in diesem kleinen Land Mittelamerikas weiter. Die künftige Entwicklung in El Salvador bleibt abzuwarten. Angesichts der wachsenden Schwäche und Isolierung der Junta warnt die FMLN-Führung vor der Gefahr einer militärischen Intervention der USA. Sie sieht heute ihre Hauptaufgabe darin, sich auf einen solchen Fall vorzubereiten und durch militärische Erfolge sowie durch breite politische Massenarbeit immer neue Schichten der Bevölkerung aktiv in den Kampf gegen die Junta einzubeziehen und diese an den Verhandlungstisch zu zwingen.

Guatemala: Vom Aufstand der Tenientes zum revolutionären Volkskrieg

Im Jahre 1944 setzte in Guatemala eine machtvolle Volksbewegung der 13 Jahre währenden Diktatur des Generals Jorge Ubico ein Ende. Die ersten demokratischen Wahlen fanden statt. Unter der 1945 beginnenden Präsidentschaft von Juan José Arévalo und noch stärker unter seinem von 1951 bis 1954 im Amt befindlichen Nachfolger Jacobo Arbenz Guzmán begann im Land ein Prozeß antiimperialistisch-demokratischer Umgestaltungen, der immer mehr die ökonomischen und politischen Positionen der reaktionären Agraroligarchie und der berüchtigten United Fruit Company schwächte. Politische Parteien und Gewerkschaften wurden wieder zugelassen, Maßnahmen zur Verbesserung der Arbeits- und Lebensbedingungen der Werktätigen eingeleitet und eine Agrarreform konsequent in Angriff genommen. Diese Maßnahmen und eine größere Selbständigkeit der Regierung Arbenz in der Außenpolitik waren für die USA und die einheimische Reaktion Anlaß genug, um das Gespenst einer «Sowjetisierung» Guatemalas und einer «kommunistischen Bedrohung» Mittelamerikas heraufzubeschwören. Eine großangelegte Lügenkampagne diente dazu, die Regierung als «Instrument der Lateinamerikapolitik Moskaus» zu diskreditieren und auch die direkte militärische Intervention politisch und ideologisch vorzubereiten. Das Szenarium dieser Kampagne lieferte kein Geringerer als der damalige CIA-Chef Allan Dulles, der selbst Großaktionär der United Fruit Company war und mit der Invasion zugleich auch höchst private Interessen verband. Am 17. Juni 1954 fiel dann eine unter dem Kommando von Oberst Castillo Armas stehende Söldnertruppe in Guatemala ein, um mit Hilfe US-amerikanischer Bomberstaffeln das Land vor dem «Kommunismus» zu retten. Begünstigt durch den mangelnden Kampfeswillen und den Verrat zahlreicher hoher Offiziere der kleinen guatemaltekischen Armee kam der Widerstand gegen die Invasionstruppen bald zum Erliegen. Jacobo Arbenz Guzmán gab seinen Rücktritt bekannt und ging ins Exil. Am 8. Juli 1954 wurde der Söldneroberst Castillo Armas als Präsident von Washingtons Gnaden eingesetzt. An diesem Tag senkte sich die Nacht über Guatemala, begann der Leidensweg seines Volkes.

Die Tenientes begehren auf

Castillo Armas beeilte sich, die Errungenschaften der bürgerlich-demokratischen Revolution im Land zu zerschlagen. Tausende Menschen fielen «antikommunistischen Säuberungsaktionen» zum Opfer, wobei das Wort «Kommunist» als höchst diffuse Bezeichnung für alle verwendet wurde, die in Opposition zum neuen Regime standen. Die Gewerkschaften und alle progressiven und demokratischen

Geschäftsstraße in Guatemala City

Parteien und Organisationen hörten auf zu bestehen oder mußten in tiefster Illegalität arbeiten. In der Landwirtschaft, die der überwiegenden Mehrheit der Bevölkerung Arbeit und Brot gab, wurden die Errungenschaften der Agrarreform rückgängig gemacht und unter der Regierung Arbenz verbotene feudale und halbfeudale Ausbeutungs- und Abhängigkeitsverhältnisse wieder eingeführt. Die Großgrundbesitzer und ausländischen Kapitalgesellschaften gewannen ihre alten ökonomischen und politischen Positionen zurück und konzentrierten im

Laufe der Jahre sogar noch mehr Besitz in ihren Händen, die kleinen bäuerlichen Wirtschaften verarmten, das Heer der nur zeitweise beschäftigten Wander- und Saisonarbeiter verstärkte sich. Parallel dazu setzte ein bis heute andauernder Prozeß des Ausverkaufs der nationalen Reichtümer an imperialistische, insbesondere US-amerikanische Monopole ein. Der Armee kam die Aufgabe zu, die innenpolitische Stabilität zu garantieren, damit die Investoren ungestört märchenhafte Gewinne abschöpfen konnten. Obwohl sich durch diese wirtschaftliche und politische Entwicklung die Widersprüche im Land erheblich verschärften, konnte sich keine schlagkräftige Opposition formieren. Armee, Nationalpolizei und Geheimdienste überzogen das Land mit beispiellosem Terror. Viele Führer der Volksbewegung wurden ermordet oder eingekerkert, andere gingen ins Exil. Illegal arbeitende Parteien und Organisationen, unter ihnen auch die Guatemaltekische Partei der Arbeit, konnten so keinen Masseneinfluß in der Arbeiterklasse, in den Mittelschichten und unter den Bauern gewinnen oder gar eine breite Opposition formieren.

In dieser Situation kam es am 13. November 1960 zu einem Aufstand junger patriotisch gesinnter Offiziere, der noch am gleichen Tag durch Verrat scheiterte. Die meisten der Verschwörer entzogen sich dem Zugriff der Sicherheitskräfte durch die Flucht ins Ausland.

Eine Gruppe dieser jungen Offiziere, darunter der ehemalige Leutnant (span. teniente) Augusto Turcios Lima, hielt sich in El Salvador auf, wo sie von Bauern Kleidung, Lebensmittel und Geld bekam. Nachdem in Guatemala für die an der Verschwörung Beteiligten eine Amnestie verfügt wurde, kehrten die meisten Offiziere in die Heimat und einige in den aktiven Armeedienst zurück. 23 von ihnen, darunter Turcios Lima, machten jedoch keinen Gebrauch von der Amnestie. Sie kamen über Honduras nach Guatemala zurück und begaben sich in die undurchdringlichen Urwälder der Sierra de las Minas im Nordosten des Landes, um sich auf den bewaffneten Befreiungskampf vorzubereiten. Bereits 1962 kam es in den Bergen der östlichen Landesteile zu ersten kleinen Gefechten zwischen den Guerilleros der «Bewegung des 13. November» (so benannt nach dem Tag des Offiziersaufstandes) und den Streitkräften der Regierung. Noch im gleichen Jahr bildeten sich aus dieser Bewegung sowie aus der «Revolutionären Bewegung des 12. April», der vorwiegend Studenten und Kader der Guatemaltekischen Partei der Arbeit angehörten, die «Bewaffneten Rebellenstreitkräfte» (FAR). Diese eröffneten 1963 drei Guerillafronten, die relativ selbständig operierten. Die erste stand unter der Leitung des ehemaligen Leutnants Marco Antonio Yon Sosa, ihr Operationsgebiet lag im Nordosten der Sierra de las Minas.

Die zweite und wohl bedeutendste Front mit dem Namen «Edgar Ibarra» unter der Führung von Turcios Lima führte den Kampf im Südosten der Sierra und dehnte ihren Aktionsradius bis in die Regionen von Izabal und Zacapa aus.

Luis Trejo Esquivel, ebenfalls Beteiligter am gescheiterten Offiziersaufstand, führte die dritte Front in den Bergen von La Granadilla, nahe der Stadt Zacapa.

Der Höhepunkt der Guerillaaktionen lag in den Jahren 1964–1966, in denen die Gesamtzahl der Kämpfer etwa 500 bis 600 betrug. Einige siegreiche Gefechte mit den Streitkräften sowie zahllose spektakuläre Überfälle auf Polizeistationen, Armeepatrouillen und Militärkonvois verunsicherten nicht nur die herrschende Klasse des Landes, sondern trugen ihnen auch die Sympathie großer Teile der Bevölkerung ein. Dennoch wurde das Hauptziel der Guerilla nicht erreicht. Es gelang nicht, größere Teile der Arbeiterklasse, der indianischen Kleinbauern und der Mittelschichten für den bewaffneten Kampf durch das «Beispiel der Tat» zu mobilisieren. Es gelang auch nicht, größere befreite Gebiete zu schaffen, die sich allmählich ausdehnen und den Aktionsradius der Regierung und ihres Unterdrückungsapparates immer weiter einschränken sollten.

Der Oktober 1966 – die Niederlage der Guerilla begann sich bereits anzudeuten – brachte den «Bewaffneten Rebellenkräften» einen Verlust, der schwerer wog als einige verlorene Gefechte. Unter bis heute nicht geklärten Umständen kam Augusto Turcios Lima, der anerkannte Führer und Organisator der guatemaltekischen Guerilla der 60er Jahre, bei einem Autounfall ums Leben. Von den patriotisch gesinnten Offizieren, die an der Revolte vom 13. November 1960 beteiligt gewesen waren, gehörte er zweifelsohne zu denen, die ihren Weg am konsequentesten gingen und ihr Leben durch das persönliche Erlebnis grausamer Tyrannei, sozialer Ungerechtigkeit und Ausbeutung von Grund auf änderten. Er hatte katholische Priesterschulen besucht und war als Jugendlicher in eine Offiziersschule (Escuela Politécnica) eingetreten. Bereits mit 17 Jahren zum Unterleutnant befördert, hatte er eine brillante militärische Karriere vor sich. Nach seiner Ausbildung in Fort Benning (USA-Staat Georgia) wurde er in der Militärbasis von Puerto de San José Waffeninstrukteur für die Infanterie im Range eines Leutnants. Ausgestattet mit hoher Sensibilität und einem starken Gerechtigkeitssinn, verabscheute er schon als Schüler die Rolle vieler kirchlicher Würdenträger als Diener der herrschenden Klasse, die die Armut und Unterdrükkung des Volkes nicht belastete. In der Armee wandte er sich gegen die Erniedrigung einfacher Soldaten, gegen Kadavergehorsam und gegen Korruption und Postenjägerei der Offiziere. Er forderte sogar die Einsetzung einer Untersuchungskommission zur Ausräumung damit verbundener Mißstände.

Turcios Lima, der in sich eine außerordentliche physische Belastbarkeit mit einem wachen Verstand und großen militärischen Fähigkeiten vereinte, wurde zu einem der profiliertesten Guerillaführer Lateinamerikas. Seine Leistungen und hervorragenden Persönlichkeitseigenschaften sind den bewaffneten Befreiungsorganisationen der Gegenwart Vorbild, und seine Irrtümer und Fehler waren die Grundlage für die Erarbeitung einer neuen Strategie und Taktik des bewaffneten Kampfes und einer höheren Qualität der revolutionären Volkseinheit.

Der Tod von Turcios Lima war ein großer Verlust für die guatemaltekische Guerilla, stand aber in keinem ursächlichen Zusammenhang mit ihrer Niederlage in der zweiten Hälfte der 60er Jahre. Die Gründe dafür waren in strategischen, taktischen und politischen Fehlern der FAR selbst sowie in einer massiveren und konsequenteren Antiguerillakriegführung der Regierungsstreitkräfte zu suchen. Das Fehlen gemeinsamer Auffassungen über den Charakter des revolutionären Prozesses in Guatemala, über die Bündnispolitik, über geeignete Formen und Methoden des bewaffneten Kampfes und der zeitweise Einfluß von trotzkistischen Elementen in den von Yon Sosa geführten Verbänden bewirkten Spaltungen, schwächten die Kampfkraft und begrenzten Masseneinfluß und Massenwirksamkeit. Hinzu kam, daß in der Guerilla der 60er Jahre, inspiriert durch den Sieg der kubanischen Revolution, eine Verabsolutierung des bewaffneten Kampfes weit verbreitet war. Sie war eng verbunden mit einem revolutionären Romantizismus, der Opferbereitschaft und Heldentum ebenso einschloß wie die Geringschätzung politischer Kampfformen und der Verbindung zu den Volksmassen. Turcios Lima, Yon Sosa und andere Führer der FAR hatten zwar viel aus den militärischen Erfahrungen des bewaffneten Kampfes in Kuba gelernt, übersahen aber weitgehend die Tatsache, daß die «Propaganda der Tat» und die Schaffung befreiter Gebiete eine bereits vorhandene revolutionäre Situation beträchtlich zuspitzen, aber nicht ersetzen kann. So blieben sie mit ihren Aktionen, ungeachtet aller Sympathien im Volk, weitgehend isoliert und fanden nicht den erforderlichen Zulauf aus den unterdrückten und ausgebeuteten Bevölkerungsklassen. Erschwerend kam noch hinzu, daß sie sich weder in der Mentalität noch in der Sprache indianischer Gruppen auskannten, die in ihrem Operationsgebiet ansässig waren und die zumeist aus Kreolen und Mestizen bestehenden Guerillaverbände eher mit Mißtrauen betrachteten. Die Forderungen und Losungen der Guerilleros knüpften zu wenig an die konkreten Erfahrungen und Interessen der Kleinbauern, Landarbeiter und Angehörigen der Mittelschichten an und zeugten auch von der noch geringen Reife bündnispolitischer Vorstellungen, wodurch sich ihre soziale Basis weiter einengte.

Die Verabsolutierung des bewaffneten Kampfes und die Überschätzung seiner Wirkung hinsichtlich einer raschen politischen Radikalisierung der Bevölkerung führten zu Irrtümern und Fehleinschätzungen, wie sie unter anderem anläßlich der 1966 durchgeführten Wahlen deutlich wurden. Der Aufruf der FAR zum Wahlboykott fand im Volk kaum Widerhall. Noch zu wenige Menschen begriffen, daß der zivile Kandidat Montenegro, seine demagogischen Versprechungen und seine tatsächliche Amtsübernahme von der herrschenden Klasse lediglich als demokratische «Fassade» benutzt wurden. So sollten Hoffnungen auf den lang ersehnten «Wandel» genährt, dem Widerstand die Spitze genommen, sonst aber alles beim Alten belassen werden. Parallel dazu verliefen großangelegte Aktionen des Militärs gegen die Guerilla, in denen verschiedene Methoden der Aufstandsbekämpfung kombiniert wurden. Einmal gingen guatemaltekische Streitkräfte unter Einbeziehung US-amerikanischer Ranger massiert gegen Guerillastützpunkte vor und liquidierten ganze Ortschaften samt ihren Einwohnern nach der Taktik der verbrannten Erde. Diese rein militärischen Aktionen wurden von «zivilen» Maßnahmen flankiert. Durch den Bau von Bewässerungsanlagen, Straßen und Schulen sollte das geringe Ansehen des Militärs aufgewertet und der Bevölkerung zugleich gezeigt werden, daß man bereit war, «politisches Wohlverhalten» entsprechend zu honorieren.

Unter diesen Bedingungen wurden die Verbände der FAR bis 1968 zum größten Teil aufgerieben. Kleine, militärisch und politisch inzwischen bedeutungslose Gruppen hielten sich noch in den Bergen der nordöstlichen Landesteile. Andere verlegten ihr Aktionsgebiet in die Hauptstadt, wo sie zwar durch einige spektakuläre Überfälle und Entführungen für Schlagzeilen in der Presse sorgten, aber nicht mehr politisch mobilisierend wirkten.

So war die guatemaltekische Guerilla am Ende der 60er Jahre zerschlagen. Die Gegenoffensive des Militärs kostete allein in den Jahren 1966 bis 1968 etwa 4000 Menschen das Leben. Ungeachtet aller Irrtümer und Fehler bleibt der bewaffnete Widerstand Hunderter Arbeiter, Bauern, Studenten und Angestellter gegen ein volksfeindliches Regime und die menschenverachtenden Ausbeutungs- und Unterdrückungspraktiken der herrschenden Klasse ein unverzichtbarer, weil lehrreicher Bestandteil des revolutionären Kampfes in Guatemala.

Neubeginn unter anderen Vorzeichen

Im Jahre 1970 endete das kurze Intermezzo einer Zivilregierung. Oberst Arana Osorio wurde Präsident, das Militär übernahm wieder die Macht in Guatemala. Erneut begann eine Zeit des Ausnahmezustandes und der Verfolgungen. Einige Aktionen der FAR-Stadtguerilleros, so die Ermordung des BRD-Botschafters Graf Spreti, dienten als Rechtfertigung für eine großangelegte Jagd auf «subversive Elemente». Diese richtete sich allerdings weniger gegen das Häuflein noch verzweifelt kämpfender Guerilleros als vielmehr gegen Kommunisten, Demokraten, Gewerkschafter und progressive Intellektuelle. Besonders charakteristisch dabei war der verstärkte Einsatz paramilitärischer Killerkommandos, die bereits aktiv an der Guerillabekämpfung der 60er Jahre beteiligt waren. Auf ihr Konto ging auch die Ermordung der beiden Generalsekretäre der Guatemaltekischen Partei der Arbeit, Bernardo Alvarado Monzón und Huberto Alvarado, 1972 und 1974.

Da sich Gewalt und Verfolgung nicht nur gegen Kommunisten und Guerilleros richteten, sondern selbst gegen bürgerlich-liberale und reformistische Kräfte, trieb das Militärregime unfreiwillig der Opposition immer neue Kontingente zu, verstärkte es das Streben nach Zusammenwirken aller progressiven, demokratischen und antiimperialistischen Kräfte. Diese Entwicklungstendenzen zeigten sich bereits zu Beginn der 70er Jahre in zahlreichen Demonstrationen gegen Ausnahmezustand und politische Repression sowie in großen Streikaktionen der Lehrer und Ärzte.

Die zweite Hälfte der 70er Jahre brachte einen raschen Aufschwung der zivilen Volkskämpfe, die immer organisiertere Formen annahmen und mit unterschiedlichsten ökonomischen und po-

Bäuerliche Protestversammlung

litischen Forderungen sowohl in den Städten als auch in den ländlichen Regionen geführt wurden. Ein Höhepunkt dieser Entwicklung war der Generalstreik 1978.

Neben langfristig wirkenden politischen und ökonomischen Widersprüchen gab es in den 70er Jahren eine Reihe neuer Entwicklungen und Ereignisse, ohne die weder die Formierung bewaffneter Organisationen des Volkes noch der der Aufschwung ziviler Massenaktionen ausreichend erklärt werden können. Dazu gehört zweifelsohne das sogenannte Entwicklungsprojekt «Franja Transversal del Norte». Im Rahmen dieses Projektes sollte Siedlungsland in den nördlichen Provinzen El Quiché, Alta Veraraz, Huehuetenango und Izabal an landarme Bauern und Landarbeiter vergeben werden und gleichzeitig die wirtschaftliche Erschließung dieser vormals «vergessenen» und hauptsächlich von Indios besiedelten Gebiete vorangetrieben werden. Doch die Realität sah völlig anders aus. Das «Entwicklungsprojekt» und die Erkundung von Bodenschätzen ließen die Gebiete an Wert gewinnen und zu einem Objekt der Ausplünderung und Bereicherung durch ausländisches Monopolkapital und die guatemaltekische Oligarchie werden. Besonders charakteristisch war eine zunehmende Verbindung von Großgrundbesitzern und den Führungsspitzen der Streitkräfte. Viele hohe Offiziere, auch Präsidenten in Uniform, besaßen oder erwarben hier umfangreiche Ländereien und «mauserten» sich so zu Großagrariern.

Die Opfer dieser Entwicklung waren Hunderttausende armer indianischer Kleinbauern, die von alters her diese Gebiete bewohnten, und zahlreiche neu angesiedelte Bauernfamilien. Sie wurden von ihren Wirtschaften vertrieben, im Fall der Weigerung sogar ermordet oder mußten als schlecht bezahlte und nur zeitweise beschäftigte Landarbeiter ein elendes Dasein fristen.

Besondere Verbitterung rief in der Bevölkerung das menschenverachtende und grausame Vorgehen der herrschenden Klasse und ihres Unterdrückungsapparates gegen das aller sozialen Rechte und politischen Freiheiten beraubte Volk Guatemalas hervor. Diese Grausamkeit war außerordentlich vielschichtig, aber immer darauf ausgerichtet, Angst und Schrecken zu verbreiten und die Menschenwürde mit Füßen zu treten.

Eines der markantesten Ereignisse dieser Art war das Massaker von Panzos: Im Mai 1978 kam es zu einer Protestdemonstration Hunderter indianischer Kleinbauern vom Stamm der Kechi gegen die Landvertreibungen. Die Angehörigen dieses Stammes, die zu den Hauptleidtragenden der «Franja Transversal del Norte» gehörten, bewegten sich auf die Ortschaft Panzos (Provinz Alta Verapaz) zu, als herbeigeführtes Militär das Feuer auf den friedlichen Demonstrationszug eröffnete. 100 Indios, darunter Frauen und Kinder, starben im Kugelhagel, und 75 wurden schwer verletzt. Dieses Ereignis machte nicht nur Schlagzeilen in der internationalen Presse, sondern bewirkte auch zahlreiche Massenproteste in allen Teilen Guatemalas. Von ähnlich mobilisierender Wirkung war auch das Verhalten der Reichen des Landes nach dem verheerenden Erdbeben vom Februar 1976, das nahezu 100 000 Opfer an Toten und Verwundeten forderte und etwa 1 Million Menschen obdachlos machte. Die herrschende Klasse ließ eilig mit Revolvern und Schrotflinten bewaffnete Bürgerwehren bilden, die die Aufgabe hatten, die relativ wenig beschädigten Wohn- und Geschäftsviertel der High-Society vor «Plünderern aus den Unterschichten» zu bewahren. Diese Unterschichten, Arbeiter, Bauern, Tagelöhner und kleine Angestellte, die der Hilfe am meisten bedurften, bekamen von den reichlich im Lande eintreffenden internationalen Hilfssendungen nicht viel zu sehen. Ein großer Teil davon verschwand in den Taschen korrupter Politiker und Militärs. Die Großgrundbesitzerfamilie Alvarado, die die Stadt San Martin Jilotepeque beherrschte, hatte sich eigenmächtig zur obersten Verteilungsinstanz der Spenden ernannt und sich selbst bereichert. Um ihre Menschenverachtung gegenüber den Opfern der Naturkatastrophe zu demonstrieren, bereitete die Familie auf offener Straße ein riesiges Omelett aus Eiern. Die hinter einem eilends gezogenen Stacheldraht stehenden hungrigen Kinder mußten mit ansehen, wie das Omelett nach Fertigstellung weggeworfen wurde. Diese an Perversion grenzenden Grausamkeiten sind keineswegs Einzelereignisse der jüngeren Geschichte Guatemalas, sondern Glieder einer langen Kette von Verbrechen, die seit Beginn der 80er Jahre in einen regelrechten Ausrottungskrieg gegen große Teile der Bevölkerung mündeten.

Solche Entwicklungen und Ereignisse, die das politische Klima im Land bestimmten, sind das Umfeld, in dem sich in den 70er Jahren der bewaffnete Volkskampf in Gestalt militärisch-politischer Organisationen erneut formierte. Als erste entstand 1971 die «Organisation des Volkes in Waffen» (ORPA). Nach langen Jahren der militärischen und politisch-ideologischen Vorbereitung des Kampfes trat sie gegen Ende der 70er Jahre erstmalig mit eigenen politischen Erklärungen und militärischen Aktionen in Erscheinung. Die Abteilungen der ORPA operierten hauptsächlich in den Provinzen Huehuetenango, San Marcos, Quetzaltenango und Solola in den östlichen Landesteilen. Die ORPA hat eine starke Basis in der Indiobevölkerung und hebt in ihren Dokumenten die Notwendigkeit der sozialen und rechtlichen Gleichstellung der indianischen Bauern und Landarbeiter hervor.

Eine zweite bewaffnete Formation ist das 1972 gegründete «Guerilla-Heer der Armen» (EGP), dessen Kämpfer sich ebenfalls zum großen Teil aus indianischen Bevölkerungsgruppen rekrutieren. Das EGP wurde rasch zur bedeutendsten militärisch-politischen Organisation Guatemalas und tritt seit Mitte der 70er Jahre mit bewaffneten Aktionen hauptsächlich in den Provinzen El Quiché, Alta Verapaz, Baja Verapaz, Zacapa und Chicimula in Erscheinung.

Eine dritte Organisation bilden die ebenfalls zu Beginn der 70er Jahre gegründeten «Bewaffneten Rebellenstreitkräfte» (FAR), die nach einer langen Phase der Vorbereitung 1977 den Kampf aufnahmen. Die im Norden und Nordosten gelegenen Provinzen Petén und Izabel sind ihre Operationsgebiete. Obwohl es keine Kontinuität zwischen der heutigen FAR und der FAR der 60er Jahre gibt, versteht sich erstere als Nachfolger der von Turcios Lima und Yon Sosa geführten Guerilla, von der viele Kader bei der Neugründung übernommen wurden.

Im Zusammenhang mit der seit den 60er Jahren andauernden Diskussion über die Teilnahme der Guatemaltekischen Partei der Arbeit am bewaffneten Kampf, kam es 1978 zur Abspaltung einer relativ starken Minderheit, die sich im PGT-Nucleo (PGT-Führungskern) organisierte. Diese Gruppe der guatemaltekischen Kommunisten sah ihre Hauptaufgabe darin, die Partei zu einer militärisch-politischen Organisation umzubilden und eine selbständige Front des bewaffneten Kampfes zu eröffnen. Die «mobilen Einheiten» des PGT-Nucleo, die seit 1980 vorrangig in der Hauptstadt und im Süden des Landes operieren, bilden die vierte bewaffnete Volksorganisation des Landes. Ihre Kampfgebiete liegen in den Provinzen Escuintla, Retalhuleu und Suchitepéquez. Gegenwärtig gibt es seitens der PGT und des PGT-Nucleo Bestrebungen zur Wiedervereinigung der Kräfte unter Beibehaltung bewaffneter Kampfformen.

Angesichts des Erstarkens einer breiten Opposition demokratischer und progressiver Kräfte im Land und der Zunahme machtvoller Protestaktionen der Bevölke-

Viele Bauern unterstützen die Befreiungskämpfe

rung in den 70er Jahren kam nun der Formierung bewaffneter Volkskräfte eine völlig andere Rolle zu als in den 60er Jahren. Sie kämpften nicht mehr allein und damit isoliert für Demokratie und gesellschaftlichen Fortschritt, sondern wurden zu einem bedeutenden Bestandteil des allgemeinen Volkskampfes. Das Heranreifen wichtiger Elemente einer revolutionären Situation wurde genutzt, um durch den bewaffneten Kampf die Opposition insgesamt zu stärken und den Handlungsspielraum der Diktatur und ihres Machtapparates einzuschränken. Ein vergleichsweise großer Zulauf aus den verschiedensten Klassen und Schichten der Bevölkerung, vor allem aus den Reihen der indianischen Kleinbauern und Landarbeiter, war dann auch die Grundlage für die Zunahme ihrer Zahl und Schlagkraft in der zweiten Hälfte der 70er Jahre. Während die Zahl der Kämpfer um Turcios Lima selbst in den Zeiten der Offensive niemals 600 überschritt, schätzte man die Stärke der bewaffneten Volkskräfte im Jahre 1979 auf etwa 1800 Mann und im Jahre 1982 auf etwa 5000 bis 6000 Mann. Wie sehr ihr Einfluß gewachsen war, zeigte sich jedoch auch darin, daß sie über beträchtliche Verbindungen und Unterstützung in der ländlichen Bevölkerung verfügten und noch verfügen. Das war die Basis dafür, daß die bewaffneten Verbände nach 1978, verstärkt aber nach 1980, zu immer größeren militärischen Aktionen übergehen und sie auf 16 der insgesamt 22 Provinzen ausdehnen konnten. Waren vorher Überfälle auf entlegene Haziendas und kleine Militärposten sowie Bestrafungen und Entführungen einzelner Personen ein charakteristisches Merkmal ihrer Aktionen, so konnten die militärisch-politischen Organisationen zu diesem Zeitpunkt bereits bewaffnete Auseinandersetzungen mit den Streitkräften führen, bei denen sie Kampfgruppen in Kompaniestärke aufstellten oder an mehreren Orten zugleich mit Einheiten bis zu 100 Mann angriffen. Das gilt vor allem für das «Guerillaheer der Armen» (EGP) und die «Revolutionäre Organisation des Volkes in Waffen» (ORPA). Ende 1980 und im Jahre 1981 gelang es Kampfgruppen dieser beiden Organisationen mehrfach, zeitweise Ortschaften zu besetzen. In zahlreichen Gefechten wurden in der ersten Hälfte des Jahres 1981 mehr als 800 Soldaten und Offiziere der Regierungsstreitkräfte getötet oder verwundet.

In diesen Kämpfen sowie bei Überfällen auf Militär- und Polizeistationen erbeuteten die bewaffneten Volkskräfte nicht nur große Mengen an Handfeuerwaffen und Munition, sondern auch panzerbrechende Bazookas, Granatwerfer, Maschinengewehre und sogar Fahrzeuge. Mit Hilfe dieser Beutewaffen gelang es zum Beispiel in Petén, zwei Flugzeuge sowie zwei Hubschrauber des Regimes abzuschießen. Nachdem Kampfgruppen verschiedener militärisch-politischer Organisationen in abgestimmten Aktionen im Oktober 1981 militärische Einrichtungen der Provinzhauptstädte Escuintla, Mazatenango und Solola angriffen, mußte die Regierung offiziell eingestehen, daß die bewaffneten Volkskräfte die Provinzen Chimaltenango, El Quiché, Huehuetenango und Quetzaltenango weitgehend kontrollierten.

Angesichts dieser Lage ging das Regime unter General Lucas Garcia mit brutaler Gewalt gegen diese Gebiete vor. Dabei richtete sich der Terror, da man der Kämpfer selbst meist nicht habhaft werden konnte, vor allem gegen die ländlichen Siedlungen dieser Regionen und deren Einwohner, die pauschal der Verbindung mit den bewaffneten Volkskräften verdächtigt wurden. Zahlreiche Ortschaften wurden durch Luftangriffe unter Einsatz von Bomben und Napalm völlig dem Erdboden gleichgemacht. Andere wieder wurden von sogenannten Strafexpeditionen heimgesucht, deren bestialische Grausamkeiten an die finstersten Zeiten des Mittelalters erinnern. 1980 druckte die mexikanische Zeitschrift «Proceso» den Augenzeugenbericht eines Indiomädchens ab: «Sie kamen mit Lastwagen und Hubschraubern, warfen Bomben, zerstörten und mordeten. Nur zwei

Einheit der EGP in den nördlichen Regenwäldern der Provinz Petén

Bauern überlebten den Überfall. Sie wurden von den Soldaten gefangengenommen und nach der Ortschaft Chajul (Provinz Quiché – d. Verf.), eine Stunde Fußweg entfernt, geschleppt. Dort enthauptete und vierteilte man sie. Die Leichenteile wurden zur Abschreckung an Bäumen aufgehängt ... Die Mörder kamen in Gruppen zu 90 oder 100 in die Siedlungen. Deshalb schlafen wir nicht mehr in unseren Hütten und halten uns auch nicht mehr alle gemeinsam an einem Ort auf. Jeden Tag bewaffnen sie sich mehr, um uns, die sie nicht als Menschen, sondern als Tiere betrachten, umzubringen.»

Doch die von der Regierung erhofften Ergebnisse im Kampf gegen die bewaffneten Volksorganisationen blieben aus. Während deren Verluste vergleichsweise gering waren, nahmen die der Streitkräfte, der Polizei und der lokalen Vertreter der Staatsmacht, die sich zur Teilnahme am Mordfeldzug gegen die Zivilbevölkerung bereit fanden, beträchtliche Ausmaße an. Das Regime sah sich gezwungen, mehr Militär gegen die militärisch-politischen Organisationen in Marsch zu setzen. Ende 1981 wurden bedeutende Truppenkontingente in den umkämpften Gebieten konzentriert. Im Februar 1982 gab ein Regierungssprecher bekannt, daß Einheiten in Stärke von 15 000 Mann zur Niederschlagung der Volkskräfte in die Provinzen El Quiché, Chinaltenango und Huehuetenango beordert würden.

Das Jahr 1982 sollte zu einem entscheidenden Jahr im Ringen von Revolution und Konterrevolution werden. Es führte zu einer neuen Qualität des bewaffneten Volkskampfes in Guatemala, leitete aber zugleich eine Umorientierung in der Taktik der herrschenden Klasse und des Militärs bei der Niederschlagung des bewaffneten Widerstandes ein, deren negative Folgen für die Volkskräfte erst in der jüngsten Vergangenheit allmählich überwunden werden.

Die Bildung der URNG – eine neue Etappe des bewaffneten Widerstands

Am 9. Februar 1982 gaben die vier bewaffneten Organisationen EGP, ORPA, FAR und PGT-Nucleo ihren Zusammenschluß zur «Guatemaltekischen Nationalen Revolutionären Einheit» (URNG) bekannt. Einen Tag später wurde über einen zeitweise in der Hauptstadt besetzten Rundfunksender der Bevölkerung des Landes das Gründungskommuniqué verlesen. Darin heißt es, daß die URNG ihr Hauptziel in der Koordinierung der taktischen und strategischen Pläne zum Sturz der Diktatur sehe. Wenn dies erreicht sei, müsse die Bildung einer demokratischen, patriotischen und revolutionären Volksregierung folgen.

Welche Ereignisse und Faktoren bewirkten nun diesen Schritt, der entscheidend für die weitere Entwicklung des bewaffneten Volkskampfes war? Die landesweite Zunahme spontaner oder von den Gewerkschaften und demokratischen Organisationen ausgehenden Kampf- und Protestaktionen in den 70er Jahren erforderte dringend eine Koordinierung des Kampfes, ein engeres Zusammengehen aller Diktaturgegner und ließ auch in der überwiegenden Mehrheit der oppositionellen Kräfte das Bestreben nach organisatorischer Vereinigung wachsen. Ein Ausdruck dieser Entwicklung war die bereits 1979 gegründete «Demokratische Front gegen die Repression» (FDCR), der zahlreiche Gewerkschaften, linke Parteien, Schüler- und Studentenorganisationen sowie Komitees der Elendsviertelbewohner angehörten. Während sich so die nichtbewaffnete Opposition formierte und ihre Kräfte vereinte, kämpften die bewaffneten Formationen des Volkes nach wie vor relativ isoliert voneinander. Der wachsende Zulauf, den sie ab 1978/79 hatten, die Ausdehnung ihrer

Operationen auf immer größere Gebiete des Landes und der massive Einsatz von Militär gegen sie und die ländlichen Siedlungen in ihren Operationsgebieten erforderten nicht nur eine Veränderung der Taktik, sondern auch ein stärkeres Zusammenwirken. Dieses gab es auch schon vor der Gründung der URNG bei zahlreichen Aktionen, und die positiven Erfahrungen ließen die Bestrebungen nach Koordinierung des Kampfes und nach einheitlicher militärischer Führung wachsen. Bei der Einschätzung jener Faktoren, die den Vereinigungsprozeß beschleunigten, dürfen auch die Erfahrungen der Sandinistischen Befreiungsfront in Nikaragua und der Volksbefreiungsstreitkräfte «Farabundo Marti» in El Salvador nicht unterschätzt werden. Deren militärische Erfolge waren ganz wesentlich für die Vereinigung aller bewaffneten Formationen in Guatemala unter einem gemeinsamen Oberkommando.

Bereits wenige Tage nach der Bildung der URNG, am 18. Februar 1982, kam es zur Gründung des «Guatemaltekischen Komitees der patriotischen Einheit» (CGUP), dem die FDCR und die «Volksfront des 31. Januar» (FP-31) angehören. Diese Einheitsfront der Diktaturgegner versteht sich als eine politische Organisation des Volkes, die den Kampf und die Zielstellung der URNG unterstützt.

Der Zusammenschluß der Diktaturgegner zeitigte vor allem auf militärischem Gebiet im ersten Halbjahr 1982 positive Ergebnisse. Bis Ende Mai setzten die in der URNG vereinten bewaffneten Organisationen in insgesamt 1043 kleineren und größeren militärischen Aktionen über 800 Angehörige der Streitkräfte außer Gefecht. Bis Mitte August lagen die Verluste des Militärs bei etwa 1000 Toten und Verwundeten. Darunter waren zahlreiche Angehörige des berüchtigten Bataillons «Kabiles» (Tiger), die eine besondere Antiguerillaausbildung absolvieren und als erbarmungslose Folter- und Tötungsspezialisten gelten.

Mit Beginn der 2. Hälfte des Jahres 1982 wurde der Kampf der militärisch-politischen Organisationen komplizierter und verlustreicher. Der Terror, den die herrschende Klasse und das Militär ausübten, wurde nicht nur verschärft, sondern systematisiert, «modernisiert» und mit anderen Methoden kombiniert, um den bewaffneten Widerstand zum Rückzug zu zwingen und ihn schließlich gänzlich zu ersticken.

Noch ein anderer Faktor darf bei der Beurteilung der entstandenen Lage nicht vergessen werden: die außerordentlich verstärkten Anstrengungen des Regimes zur Modernisierung und Erweiterung der Bewaffnung, Ausrüstung und Ausbildung der Streitkräfte sowie des Sicherheitsapparates, die genau in die Zeit der wachsenden Aktivitäten der militärisch-politischen Organisationen fallen. So wurden die Militärausgaben Guatemalas zwischen 1979 und 1983 um 500 Prozent erhöht. Da die USA unter der Regierung von Präsident Carter von 1977 bis 1981 formal ihre Militärhilfe für das Land einstellten – Waffenlieferungen an das wegen seiner Völkermordpolitik weltweit geächtete Regime hätten die Vereinigten Staaten diskreditiert –, sprang Israel in die Bresche und konnte sich feste Positionen auf dem sich rasch erweiternden Markt Guatemalas für Rüstungsgüter sichern. In diesen Jahren und in der Folgezeit lieferte Israel 11 Transport- und Bombenflugzeuge vom Typ «Arava», 10 Schützenpanzerwagen RBY Mk. 1, 15000 Sturmgewehre «Galil», Granatwerfer verschiedener Kaliber, 120 Tonnen Munition, Gewehrgranaten und Bazookas, Funkgeräte und Radaranlagen sowie 3 Küstenschutzboote vom Typ «Dabier». Entscheidend für die Erhöhung der Feuerkraft der guatemaltekischen Streitkräfte war die 1977 begonnene Umrüstung auf die israelischen «Galil». In Israel wurde diese in verschiedenen Versionen gebaute Waffe auf der Grundlage des sowjetischen Sturmgewehrs Kalaschnikow ent-

Hubschrauber Bell 205 UH-1H «Iroquois»:
Den Hubschrauber Bell 205 UH-1H «Iroquois» setzen die Streitkräfte von El Salvador, Honduras und Guatemala vorwiegend für Transportzwecke ein. Herkunftsland: USA
Max. Startmasse: 4,3 t bei 2 t Zuladung (oder 14 ausgerüsteten Soldaten)
Besatzung: 1 Pilot; Rotordurchmesser: 14,6 m; Länge: 23,8 m; max. Geschwindigkeit: 204 km/h; Gipfelhöhe: 4 150 m; Aktionsradius bei voller Zuladung: 135 km

wickelt und ohne Lizenz produziert. Die «Galil», heute die Standardwaffe der Regimetruppen, ersetzte den bis dahin geführten halbautomatischen Karabiner M-1 «Garand», der bereits aus der Zeit des zweiten Weltkrieges stammte. Israel lieferte jedoch nicht nur Waffen und Ausrüstungen. 1983 etablierte sich in der Provinz Alta Verapaz ein Ableger der Taidiran Israel Electronic Industries und nahm die Produktion militärischer Ausrüstungen auf. Geplant sind auch die Herstellung der «Galil» und der MPi «UZI» sowie ab 1987 der Bau des Jagdflugzeuges «Kfir» in Guatemala selbst. Nach Angaben der US-amerikanischen Wochenzeitschrift «Central America Report» befanden sich 1983 bereits 300 israelische Experten im Land. Dabei handelt es sich um Spezialisten für Guerilla-Bekämpfung, Verhör- und Foltertechniken und den Elektronikeinsatz im Militärwesen.

Nach dem Amtsantritt der Reagan-Regierung schwanden die Skrupel hinsichtlich der Unterstützung des guatemaltekischen Regimes. Die Gelder aus den verschiedenen Militärhilfefonds der USA flossen erneut, ohne daß Israel seine Marktanteile einbüßte. So verfügten die Streitkräfte und der Sicherheitsapparat Guatemalas zu Beginn der 80er Jahre nicht nur über moderne konventionelle Waffen und Ausrüstungen sowie Nachrichtenmittel und Elektronik, sondern vor allem auch über das im Kampf gegen das Volk Vietnams und Palästinas erworbene konterrevolutionäre «Know-how» US-amerikanischer und israelischer Experten und Berater. Zudem befanden sich noch Spezialisten aus Taiwan und dem faschistischen Chile in Guatemala, und es kam auch zu einer ersprießlichen Zusammenarbeit mit dem südafrikanischen Apartheid-Regime.

Angesichts des Sieges der sandinistischen Volksrevolution in Nikaragua, der Niederlagen, die die FMLN in El Salvador dem Regime zufügte, und der zweifelsohne gewachsenen militärischen Stärke der URNG befürchteten die herrschende Klasse Guatemalas und die USA einen «revolutionären Flächenbrand» in Mittelamerika. Der wahllose und ungezügelte Terror des Generals Lucas Garcia und seiner Vorgänger hatte in ihren

Augen – ungeachtet der zahllosen Opfer – nicht die notwendige «Effizienz» in der Zerschlagung des Volkswiderstandes gebracht. Außerdem war er nicht dazu angetan, das internationale Ansehen des Militärregimes zu verbessern. So begab man sich Anfang 1982 auf die Suche nach einem neuen «starken Mann».

Ein Laienpriester im Generalsrock

Am 23. März 1982 unternahmen Einheiten der Armee unter Befehl des Oberkommandierenden der Luftwaffe, General Hernán Ovidio Morales, einen Staatsstreich, in dessen Verlauf Präsident Lucas Garcia zum Rücktritt gezwungen wurde. Aus einer fünfköpfigen Militärjunta wurde General Efraín Ríos Montt zum neuen Präsidenten Guatemalas ernannt. Er war Chef des Generalstabes unter der Regierung des Generals Arana Osorio gewesen und Initiator von Massakern gegen die ländliche Zivilbevölkerung. Nachweislich war er an der Enthauptung von 100 Bauern im Dorf El Magal persönlich beteiligt. Neben seiner Tätigkeit als Henker in Uniform zeigte er sich gern in der Maske eines Laienpriesters der Pfingstler-Sekte. Diese erzreaktionäre Sekte mit Hauptsitz in den USA dehnte ihre missionarische Tätigkeit seit den 70er Jahren nach Mittelamerika aus. Jeden Sonntag hielt «Bruder» Ríos Montt, der sich inzwischen zum Alleinherrscher Guatemalas aufgeschwungen hatte, im Rundfunk eine Predigt und gab sich lammfromm. Er verkündete demagogisch, daß er Terror und Gewalt unterbinden und sich für die Verbesserung der Lebenslage der notleidenden Bevölkerung einsetzen werde. Den bewaffneten Volksorganisationen machte er ein Amnestieangebot für den Fall, daß sie sich ergeben und die Waffen abliefern wür-

Soldaten der regulären Streitkräfte Guatemalas

den. Dem guatemaltekischen Volk stellte er Wahlen zu einer verfassunggebenden Versammlung in Aussicht und versprach, den «schwierigen Weg der Demokratie» zwischen «Faschismus und Kommunismus» gehen zu wollen. Diese Reden und Angebote sollten nicht nur die Bevölkerung beschwichtigen, sondern vor allem auch der skeptischen internationalen Öffentlichkeit einen «echten Wandel» im Lande signalisieren. Hinter ihnen verbarg sich jedoch nichts anderes als das rasche Zusammenzimmern einer Fassade, die staatsgläubige Untertanen und ausländische Journalisten immer noch täuschen sollte. Diesem Ziel dienten auch die Verhängung des Ausnahmezustandes und die totale Medienzensur. So nimmt es kein wunder, daß Berichte über militärische Aktionen der bewaffneten Widerstandskräfte spärlicher an die Öffentlichkeit gelangten und einige westliche Reporter erste Anzeichen einer «Befriedung» zu erkennen glaubten.

Hinter dieser Fassade und der Mauer des Schweigens wurde jedoch zum großen Schlag gegen die militärisch-politischen Organisationen ausgeholt und eine neue Antiguerillataktik kreiert. Sie kombiniert verschiedene Methoden miteinander und ist in die Geschichte unter der etwas vereinfachenden Bezeichnung «Gewehre und Bohnen» (fusiles y frijoles) eingegangen. In dieser Taktik, die bis in die Gegenwart angewendet wird, nimmt die vorwiegend idianische Landbevölkerung eine Schlüsselstellung ein. In einer Verbindung aus systematischem Terror, großangelegten Umsiedlungsaktionen, «Entwicklungshilfe» für die Landbevölkerung und der Bildung sogenannter Zivilpatrouillen, in die Bauern und Landarbeiter gepreßt werden, sollen die bewaffneten Volksorganisationen von ihrem ländlichen Umfeld isoliert und schließlich vernichtet werden. Außerdem hofft man, große Teile der Landbevölkerung zu spalten, zu korrumpieren oder über die Einbeziehung in die Zivilpatrouille in die Schuld bei der Tötung von Widerstandskämpfern und Zivilisten zu verstricken. Bei den systematischen Mordfeldzügen des Ríos-Montt-Regimes gegen die Operationsgebiete der Widerstandsorganisationen wurden allein in den ersten drei Monaten des Regimes über 2000 Menschen, vor allem Zivilisten, getötet. Militär und paramilitärische Formationen rotteten ganze ländliche Siedlungen aus. Oftmals wurden den Überlebenden hinterher Material zum Wiederaufbau sowie Lebensmittel zur Verfügung gestellt. Charakteristisch waren Zwangsumsiedlungen in strategische Dörfer, die von Angehörigen der Zivilpatrouille bewacht wurden. Häufig entfernte man in weitem Umkreis um diese Dörfer Bäume und Sträucher, um geheime Kontakte zwischen Dorfbewohnern und Angehörigen der bewaffneten Volksorganisationen zu unterbinden. Widersetzten sich die Bauern der Umsiedlung in die sogenannten «Modelldörfer», wurde ihre Ernte verbrannt, so daß sie sich wohl oder übel in ihr Schicksal fügten. Nur durch eine Flucht über die mexikanische Grenze oder in die Operationsgebiete der Widerstandsorganisationen konnten sie sich dem Zugriff des Militärs entziehen und der Zwangseingliederung in die Zivilpatrouillen entgehen. Weigerten sich Bauern und Landarbeiter, Dienst in diesen paramilitärischen Formationen zu tun, ging es ihnen in vielen Fällen so wie den Einwohnern des kleinen Dorfes Xoraxaj (Provinz El Quiche): Am 15. April 1983 wurden hier 188 Männer, Frauen und Kinder niedergeschossen oder mit Machetenhieben umgebracht, weil sich keiner zum Dienst in den Zivilpatrouillen pressen lassen wollte.

Parallel zu diesen Aktionen gegen die ländliche Bevölkerung verschärfte das Regime Ríos Montt das militärische Vorgehen gegen die bewaffneten Volkskräfte. Bereits nach einigen Monaten nahmen die Gefechte zwischen den Widerstandsorganisationen und den Streitkräften an Häufigkeit und Intensität ab, konnte das

Militär die Kontrolle über zahlreiche Gebiete wiederherstellen. Ende 1982 erklärte dann auch ein Regierungssprecher, daß durch das umfassende «Programm zur Bekämpfung der Subversion» die Kontrolle über das ganze Land wiedererlangt sei, die Gewalttätigkeit habe sich verringert, und die Bevölkerung wende sich gegen die bewaffneten Organisationen und ihre Führer. Ausländischen Journalisten wurde erklärt, daß nunmehr wieder Frieden, Ruhe und Ordnung in Guatemala herrsche, und die Springer-Zeitung «Die Welt» brachte einen Situationsbericht unter der Schlagzeile: «Guatemala wurde ein anderes Land, weil Ríos Montt die tiefe soziale Kluft erkannte». War der bewaffnete Volkswiderstand tatsächlich gebrochen?

Der bewaffnete Widerstand reorganisiert sich

Es steht außer Zweifel, daß der systematisierte Terror des Regimes gegen die ländliche Bevölkerung, die gezielten militärischen Schläge gegen die bewaffneten Organisationen sowie deren wachsende Isolierung vom ländlichen Umfeld den Kampf komplizierte und vielerorts den Rückzug in entlegenere Bergregionen erforderlich machten. Da die Widerstandsorganisationen nicht über ein festes Hinterland in Form von größeren befreiten Gebieten verfügten wie die Kämpfer der FMLN in El Salvador, war das Problem der Neugruppierung der Kräfte schwieriger zu lösen. Hinzu kommt noch, daß Tausende Bauern und Landarbeiter in die Operationsgebiete der Widerstandsorganisationen flüchteten, die diese weder ausreichend ernähren noch medizinisch versorgen, geschweige denn bewaffnen konnten. Dem Regime war es gegen Ende des Jahres 1982 zwar gelungen, die in der URNG vereinten militärisch-politischen Organisationen weit zurückzudrängen, nicht aber sie zu zerschlagen.

In entlegenen Rückzugsgebieten des Hochlandes und der Provinz Petén formierte sich der von der Regierung totgesagte bewaffnete Volkskampf neu, entflammte innerhalb der Führung die Diskussion um die Neubestimmung der militärischen Taktik und der politischen Arbeit unter der Bevölkerung in einer veränderten Situation. Große Bedeutung wurde der verstärkten Beschaffung von Waffen und militärischen Ausrüstungen beigemessen. Deshalb sollten die Angriffe auf Einrichtungen des Militärs und der Polizei konzentriert werden, um die eigene Bewaffnung zu ergänzen und zu verbessern. Es mußte auch nach neuen, der jeweiligen Situation angepaßten Methoden der politischen Arbeit innerhalb der Bauernverbände, der Gewerkschaften und anderen Organisationen gesucht werden, um einerseits die Verbindung zur zivilen Opposition zu festigen, andererseits aber deren Vertreter nicht zu gefährden. So wurden zeitweilig in kurzfristig besetzten Dörfern mit den Bauern und Landarbeitern keine politischen Versammlungen durchgeführt, um sie nicht nachfolgenden Gewaltaktionen auszusetzen.

Ungeachtet der neuen und komplizierteren Lage gelang es den bewaffneten Organisationen, ihre Kräfte im Laufe des Jahres 1983 neu zu formieren und ihre Taktik den veränderten Bedingungen anzupassen. Davon zeugten die in der zweiten Hälfte des selben Jahres wieder zunehmenden militärischen Aktionen an allen vier Fronten sowie in der Landeshauptstadt. Bereits am 31. Januar 1983 beschoß ein Kommando der ORPA den Regierungspalast in Guatemala-Stadt. Die Regierungstruppen verloren in den ersten drei Monaten 64 Soldaten und Offiziere. General Mejia-Victores, der im August 1983 erfolgreich gegen Ríos Montt putschte und die Präsidentschaft übernahm, gelang ebensowenig wie seinem Vorgänger die militärische Vernichtung des bewaffneten Widerstandes. So zog im Frühjahr 1984 die Armeeführung

Truppen in Stärke von 2 500 Mann in der Provinz Suchitepequez zusammen, um unter Einsatz von Jagdbombern und Artillerie eine Kampfgruppe der ORPA zu vernichten. Das Vorhaben endete mit einem Mißerfolg für das Militär. Es gelang den Kämpfern der ORPA nicht nur, aus der Einkreisung zu entkommen, sondern auch noch zahlreiche Angehörige der Streitkräfte außer Gefecht zu setzen und Sturmgewehre des Typs «Galil» sowie Granatwerfer zu erbeuten. Ähnlich verlief eine Aktion des Militärs im Mai desselben Jahres, die sich gegen die Operationsgebiete der FAR in den unzugänglichen Wäldern der Nordprovinz Petén richtete. 1 200 Soldaten und Offiziere durchkämmten FAR-Gebiete, ohne die Formationen dieser Widerstandsorganisation stellen zu können. Obwohl Flugzeuge die Suchaktion unterstützten, konnten sich die FAR-Einheiten der Einkreisung entziehen, die Armee verlor bei dieser Aktion 37 Mann. Im ersten Halbjahr 1985 setzten die Kämpfer der in der URNG vereinten bewaffneten Volksorganisationen 350 Soldaten und Offiziere außer Gefecht und dehnten ihre militärischen Aktionen in zahlreichen Provinzen des Landes aus. So sah sich die Armeeführung 1985 gezwungen, in einem offiziellen Kommuniqué einzugestehen, daß die bewaffneten Widerstandsorganisationen mit Beginn des Jahres 1985 ihre Schläge gegen die Regierungstruppen und strategisch wichtige Einrichtungen in allen Landesteilen intensiviert haben.

In den letzten Jahren müssen die bewaffneten Organisationen ihren Kampf unter erheblich komplizierteren Bedingungen führen und haben noch nicht wieder die Stärke und Schlagkraft der Jahre 1980/81 erreicht. Dennoch beweisen sie nicht nur ihre Präsenz in allen Landesteilen, sondern auch ihre Fähigkeit, sich neuen Bedingungen anzupassen. Der Kampf des guatemaltekischen Volkes gegen terroristische Militärdiktaturen, gegen Rechtlosigkeit, Ausbeutung und Unterdrückung wird zweifelsohne langwierig und opferreich sein. Er wird nicht aufhören, solange die Ursachen, die ihn hervorbrachten und erstarken ließen, noch existieren. Sein Ausgang hängt jedoch ganz entscheidend auch davon ab, wie es den progressiven und demokratischen Kräften gelingt, ihre Einheit weiter zu festigen und die zivilen und bewaffneten Formen des Widerstandes so zu entwickeln, daß sie einander ergänzen und zur vollen Ausprägung einer revolutionären Situation im Land führen.

Wie sich die Wahl des zivilen Präsidenten Vinicio Cerezo, der im Januar 1986 sein Amt antrat, auf die weitere politische Entwicklung im Lande auswirken wird, bleibt abzuwarten. Die außenpolitischen Erklärungen der neuen Regierung, in denen die Bemühungen um Frieden in Mittelamerika unterstützt und die Einmischung der USA in die inneren Angelegenheiten Nikaraguas abgelehnt werden, berechtigen zu Hoffnungen. Für die weitere Entwicklung Guatemalas ist aber entscheidend, ob die Regierung Cerezo energisch gegen die Großgrundbesitzer und den Militärklüngel vorgeht und – angesichts einer zugespitzten ökonomischen Situation – eine Demokratisierung des öffentlichen Lebens sowie die Verbesserung der Lebensbedingungen der Bevölkerung erreichen kann.

Von der Reaktion in Mittelamerika zur «Aufstandsbekämpfung» eingesetzte Flugzeugtypen

Transportflugzeug Douglas DC-6: Den viermotorigen Transporter erhielten die Streitkräfte von El Salvador und Guatemala im Rahmen der USA-Militär«hilfe». Max. Startmasse: 48,1 t bei 23,5 t Zuladung (64–92 Mann); Besatzung: 3–5 Mann; Spannweite: 35,8 m; Länge 32,2 m; Reisegeschwindigkeit: 495 km/h

Jagdbombenflugzeug C-2 «Kfir»: Israel, das im Waffenhandel mit Mittelamerika stark engagiert ist, plant die Lieferung des Jagdbombers C-2 «Kfir» nach Honduras, El Salvador und Guatemala. Noch in den 80er Jahren soll dieses Flugzeug in Guatemala selbst produziert werden. Startmasse: 9,1–14,5 t; Besatzung: 1 Pilot; Spannweite: 8,2 m; Länge: 15,5 m; max. Geschwindigkeit: 2,2 Mach; Gipfelhöhe 17 000 m; Einsatzreichweite mit 2 30-mm-Kanonen und 4 000 kg Bombenlast: 370 km

Transportflugzeug Fairchild Hiller C-123 «Provider». Diese aus den USA kommende zweimotorige Maschine ist Bestandteil der Luftwaffe von El Salvador.
Max. Startmasse: 27,2 t bei 13,1 t Zuladung; Besatzung: 2 Piloten; Spannweite: 33,6 m; Länge 23,3 m; max. Geschwindigkeit: 392 km/h; Gipfelhöhe: 7 000 m; Reichweite: 2 350 km

Killer als «Freiheitskämpfer»

Washington im März 1986: Wie noch nie zuvor erlebte das Capitol in diesen Tagen heftige Diskussionen über Gegenwart und Perspektiven der Mittelamerikapolitik der Regierung. Anlaß war die Forderung des Präsidenten an den Kongreß, weitere 100 Millionen US-Dollar aus dem Staatshaushalt für die Finanzierung der gegen Nikaragua operierenden Contras freizugeben. Mit der demagogischen Losung «Stimme mit mir oder hilf den Kommunisten!» versuchte er, seinen Antrag im Kongreß durchzupeitschen. Doch im sechsten Jahr der Regierung Reagans waren viele Abgeordnete und Senatoren der bisherigen Mittelamerikapolitik überdrüssig, ja, sie waren über deren Ergebnis auf das äußerste empört. Die Politik der Stärke und zunehmenden militärischen Konfrontation, mit der die reaktionärsten Vertreter des Monopolkapitals seit dem Ende der 70er Jahre dem Anschwellen der Befreiungsbewegungen nicht nur in Nikaragua begegneten, brachte das Gegenteil der so oft von ihnen angestrebten Stabilisierung des USA-Einflusses in Mittelamerika. Wie ein Moloch verschlangen Contras und Regime wie das in El Salvador jährlich Millionen und aber Millionen Dollar. Mehr und mehr wurden die USA in den 80er Jahren in den Mittelamerikakonflikt verstrickt. Millionen Dollar flossen seit 1981 nach Mittelamerika, ohne daß sie den erwünschten Effekt erbrachten. Allein die Finanzierung des morbiden Regimes in El Salvador kostete das Weiße Haus von 1981 bis 1984 1,7 Milliarden Dollar, wovon 85 Prozent zur Finanzierung militärischer Aktivitäten verwendet wurden. Auch die negativen innenpolitischen Auswirkungen der Reaganschen Mittelamerikapolitik auf die Vereinigten Staaten selbst bewegen heute viele Politiker der USA, auf die Forderung des Präsidenten nach einer weiteren Eskalation der Gewalt in Mittelamerika mit einem «Nein» zu antworten. Längst mobilisiert die verhängnisvolle Rolle, die die USA in Nikaragua oder El Salvador spielen, viele Nordamerikaner zu politischem Protest. So überraschte es denn auch nicht, als Ende März 1986 Reagans Antrag mit 222

Im Antiguerillakampf setzen Juntatruppen El Salvadors völkerrechtswidrig auch chemische Kampfstoffe ein, hier eine Gasgranate

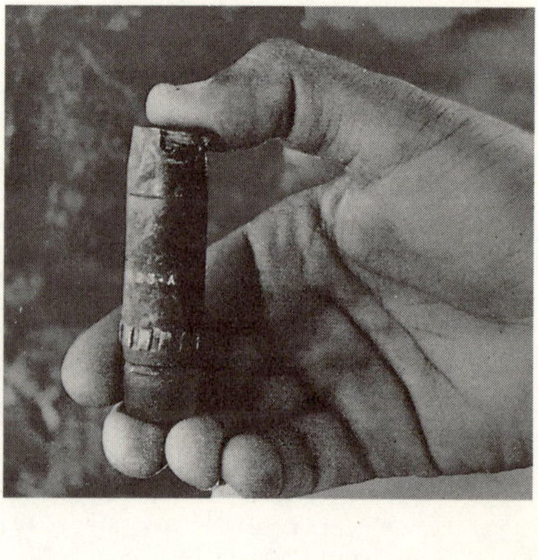

zu 210 Stimmen im Kongreß abgelehnt wurde. Erst unter großem Druck des Präsidenten, mit der Drohung, in Mittelamerika militärisch zu intervenieren, erpreßte die Administration Ende Juni 1986 die Zustimmung des Kongresses.

Die Vehemenz, mit der die Reaktion die militärische Zerschlagung aller patriotischen Bewegungen in Mittelamerika anstrebt, die Ronald Reagan dazu hinriß, sich während der Kongreßdebatte offen als Contra zu bezeichnen, ist kein Zufall. Fortschrittliche Regierungen wie die Nikaraguas stehen, wie der Präsident der Vereinigten Staaten 1982 vor der Organisation der Amerikanischen Staaten offen verkündete, dem «freien Unternehmertum» und einer Demokratie à la El Salvador im Wege. Und als Ronald Reagan am 2. Juni 1982 in seiner Rede vor dem britischen Abgeordnetenhaus zum «Kreuzzug der westlichen Welt gegen den Kommunismus» aufrief, hatte er auch die Zerschlagung aller fortschrittlichen Regungen in Mittelamerika im Auge.

Es wäre jedoch falsch, die konterrevolutionäre Gegenstrategie der USA in Mittelamerika nur Ronald Reagan zuzuschreiben. Noch während der Präsidentschaft Jimmy Carters begann die USA-Regierung nach einer Neudefinierung ihrer Mittelamerikapolitik zu suchen. Schon im Frühjahr 1979 bildeten angesichts des bevorstehenden Zusammenbruchs der Somoza-Diktatur und des in anderen Ländern zu erwartenden revolutionären Aufschwungs Regierungs-, Armee- und Geheimdienststellen der USA eine spezielle «Nikaragua-Einsatzgruppe». Ihre Aufgabe bestand in der Erarbeitung einer Strategie, mit der langfristig revolutionäre Regierungen in der mittelamerikanischen Region destabilisiert werden konnten. Bereits im Herbst 1979 legte die Einsatzgruppe ein entsprechendes Konzept vor: Wie 1973 in Chile war auch hier der Aufbau einer inneren Opposition geplant, die revolutionäre Bewegungen wie die FSLN vorerst mit

Am 5.10.1986 schossen Einheiten der Luftverteidigungskräfte Nikaraguas ein Versorgungsflugzeug der Contras nördlich des Rio San Juan ab, dabei konnte der Pilot der Maschine, Eugene Hasenfus, Bürger der USA und ehemaliger Marineinfanterist, von sandinistischen Sicherheitskräften festgenommen werden

«friedlichen Mitteln» ausschalten sollte. Gleichzeitig wurde schon damals eine militärische Lösung durchdacht. So enthüllte der ehemalige CIA-Agent Philip Agee Ende 1979 Pläne der USA, die neue Regierung in Managua durch eine Intervention von Truppen El Salvadors, Honduras' und Guatemalas zu stürzen. Aber auch durch taktische Winkelzüge versuchte das Weiße Haus den patriotischen Bewegungen die Kraft zu nehmen: Verhaßte Schergen wie der salvadorianische Diktator Romero wurden durch «demokratische Regierungen» abgelöst. Doch die Völker der Region ließen sich nicht täuschen. Angesichts des Versagens der «friedlichen Konterrevolution» zog der neue Präsident der USA, Ronald Reagan, seit 1981 immer stärker die militärische Option vor. Am 9. März 1981 erließ er ein «Presidental Act», welches der CIA erlaubte, mit allen Mitteln gegen Nikaragua zu operieren. Monate später faßte der Nationale Sicherheitsrat den Beschluß, die Militärhilfe beziehungsweise die militärischen Aktivitäten der USA in Mittel-

Aufklärungsflugzeug SR-71 «Blackbird»: Der US-amerikanische Aufklärer SR-71 «Blackbird» wird von honduranischem Territorium aus für Spionageflüge über Nikaragua eingesetzt

amerika in drei Richtungen zu entwickeln:

- Aufbau der Geheimarmeen der Contras;
- Aufrüstung der mittelamerikanischen Bündnispartner, damit diese für einen Stellvertreterkrieg der USA in der Region und zur «inneren Aufstandsbekämpfung» befähigt werden;
- Ausweitung des direkten Engagements der USA bei der Zerschlagung der «Guerilla» in El Salvador und Guatemala. Gleichzeitig sollten die USA-Streitkräfte alle Vorbereitungen treffen, um gegebenenfalls durch massive militärische Interventionen oder kleine Präventivschläge die Lage in Mittelamerika zu ihren Gunsten zu stabilisieren.

Seit 1981 wird dieses Konzept mit wachsenden Kosten, aber immer weniger Erfolgen für die USA umgesetzt. Hinzu kommen Maßnahmen wie der Wirtschaftskrieg gegen Nikaragua. Das von der Regierung der USA bis heute bevorzugte militärische Engagement hat Mittelamerika in einen gefährlichen internationalen Krisenherd verwandelt. Daß es dennoch bisher zu keiner direkten Intervention nordamerikanischer Truppen kam, ist dem beharrlichen Friedenskampf der Patrioten Mittelamerikas – der auch den bewaffneten Schutz revolutionärer Errungenschaften einschließt – und der internationalen Solidaritäts- und Friedensbewegung geschuldet. Auch ein gewisses Maß an Realismus unter vielen Politikern der USA spielt eine große Rolle. Nicht ohne Grund wandten sich Vertreter der Demokraten Anfang 1985 in einem Leitartikel der «New York Times» gegen eine Invasion, deren Folgen für die USA unabsehbar wären: «In einem Konflikt mit den USA ... würden sich die Sandinisten wie die Vietkongs in die Berge zurückziehen und, ihre Kenntnisse des Dschungels nutzend, die nordamerikanischen Truppen in einen blutigen Krieg ohne Ende verwickeln.» So sieht sich Präsident Reagan bis heute gezwungen, von seinen Plänen einer Invasion vorerst Abstand zu nehmen. Doch mit großer Inbrunst fördert er alle konterrevolutionären Aktivitäten in Mittelamerika, die unterhalb der Schwelle einer direkten Intervention liegen: den über die Contras geführten unerklärten Krieg gegen Nikaragua, die Terrorfeldzüge der reaktionären Regime der Region gegen alle progressiven Regungen in ihren Ländern und die Aufrüstung und Militarisierung der mittelamerikanischen Verbündeten.

Wer sind die Contras?

An einem Dezembermorgen des Jahres 1984 brach die Lehrerin Blanca Briones gemeinsam mit anderen Erntehelfern der Stadt Yali im Nordosten Nikaraguas froh gestimmt zur Ernte in die nahe gelegenen Kaffeeplantagen auf. Anlaß zur Freude gab es genug: Die hingebungsvolle Pflege der Kaffeesträucher in den vergangenen Monaten hatte sich gelohnt. Nun trugen sie reiche Früchte, und die Ernte versprach einen guten Gewinn. Auf Kraftfahrzeugen ging die Reise von Yali zum Plantagenkomplex in Las Tunas. Als jedoch die Erntehelfer eine dicht mit Sträuchern bewachsene Gegend durchfuhren, wurden sie beschossen. Schwerbewaffnete Männer in Tarnanzügen stürzten aus den Büschen hervor und begannen unter den wehrlosen Frauen und Männern ein Gemetzel. Blanca Briones wurde Augenzeuge grausamer Szenen: Frauen wurden vergewaltigt, bestialisch verstümmelt und dann erschossen. Andere verbrannten lebendigen Leibes in den von den Killern beschossenen Fahrzeugen. 13 Erntehelfer wurden Opfer dieses Anschlages der Killer, die sich selbst stolz Contras nennen und von Ronald Reagan als «Freiheitskämpfer der westlichen Demokratie» hoch gepriesen werden.

Das Massaker von Yali ist kein Einzelfall. Seit Ende 1981 die Contras mit ihren Aktivitäten begannen, häuften sich solche Szenen von Monat zu Monat. Die Bilanz ist erschreckend: seit 1981 haben die Contras über 43 000 Menschen ermordet und Schäden in Milliardenhöhe angerichtet. Vor allem im Nordosten des Landes, wo sich 60 Prozent der Kaffeepflanzungen Nikaraguas konzentrieren, legten die Contras viele Plantagen und kleine Bauernwirtschaften in Schutt und Asche.

Von der westlichen Welt wird der Terrorfeldzug der Contras oft als ein Bürgerkrieg, als eine innere Angelegenheit Nikaraguas dargestellt. Er sei – so der Wortlaut vieler offizieller Erklärungen Washingtons – Ausdruck eines tiefen Widerspruchs zwischen dem «Sandinistischen Regime und der Mehrheit der Bevölkerung». Daß dem nicht so ist, enthüllte 1985 Edgar Chamorro, ein ehemaliger führender Kopf der Contras, der aus berufenem Munde sprach. Auf Fragen von Journalisten, wie er Contra wurde, berichtete er: «Ich wurde im Herbst 1982 von einem CIA-Beamten, der mich im Namen der US-Regierung besuchte, eingeladen, einer der Führer der FDN zu

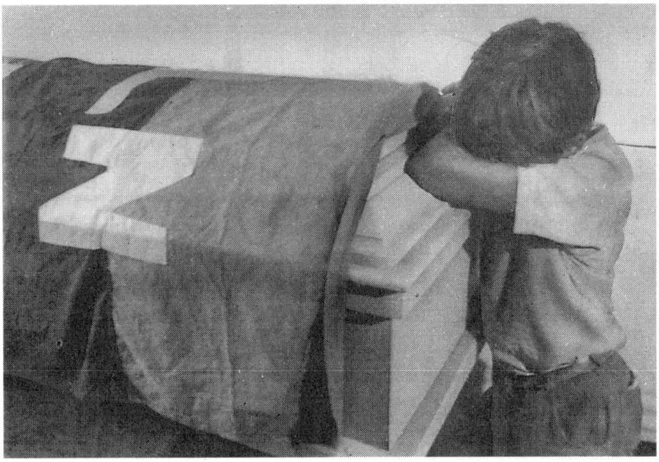

Der Terror der Contras hat seit 1981 Tausende Menschenleben gefordert

werden. Die US-Regierung versprach, unsere Sache zu unterstützen. Zu der Zeit habe ich mit einer politischen Gruppe gearbeitet, die von Miami aus gegen die Sandinisten arbeitete. Die CIA forderte uns auf, uns mit den anderen Leuten zusammenzutun, die mit militärischen Mitteln kämpfen.» Auch von vielen anderen übergelaufenen Contras wird die CIA als Werber und Gründer der Contras übereinstimmend hervorgehoben. Die von Chamorro erwähnte FDN ist die in Honduras stationierte sogenannte «Demokratische Kraft Nikaraguas», die mit 15 000 Mann zur Zeit stärkste Contra-Armee. 1981 ging sie auf Drängen der CIA aus den bis dahin von ehemaligen Somoza-Nationalgardisten gegründeten kleinen bewaffneten Gruppen hervor. Später schlossen sich der FDN auch Großgrundbesitzer und Unternehmer Nikaraguas an, für die die Volksmacht in Nikaragua unakzeptabel ist. Doch selbst in bürgerlichen Studien muß heute zugegeben werden, daß die soziale Basis der Contras in Nikaragua äußerst schmal ist. Ihr Kaderbestand stützt sich vorwiegend auf Berufskiller, die schon vor 1979 den Somozas treu dienten, auf internationale Söldner, wie Exilkubaner und Exilvietnamesen, sowie auf Vertreter der nikaraguanischen Ausbeuter. Charakteristisch für die Zusammensetzung von Organisationen wie die FDN ist, daß deren 48 Kommandostellen zu über 95 Prozent von ehemaligen Offizieren der Nationalgarde Somozas besetzt sind.

Über die Rolle der CIA nach der Gründung der FDN, wie sie bei der Zielvorgabe, der Ausrüstung und Logistik der Contras dominiert, macht Ex-Contra Chamorro ebenfalls interessante Aussagen: «Frage: Wer hat die Entscheidungen getroffen, die Contras oder der CIA? Chamorro: Die übergeordnete Strategie wurde uns von Washington mitgeteilt. Die Entscheidungen über die Taktik, wann und wo in Nikaragua gekämpft werden sollte, wurde von den FDN-Kommandeuren getroffen. Washington gab uns allerdings Unterstützung in diesen Kämpfen, die Tag für Tag ausgetragen wurden, indem es uns über die militärischen Operationen und Truppenbewegungen der Sandinisten informierte.

Frage: Wie war es mit der finanziellen Kontrolle, wer hatte die? Chamorro: Die war vollständig in der Hand des CIA. Wir haben niemals Waffen gekauft, wir haben sie lediglich erhalten.»

Doch Washingtons Schützenhilfe beschränkt sich nicht nur auf die FDN. Sehr schnell wurde auch die 1982/83 gebildete Revolutionäre Demokratische Allianz (ARDE) unter nordamerikanische Kontrolle gebracht.

Die Lager der etwa 5 000 Mann starken ARDE liegen im Grenzgebiet zwischen Kostarika und Nikaragua. FDN und ARDE trennen heftige Divergenzen über die Zukunft Nikaraguas. Während die ehemaligen Nationalgardisten wieder ein Nikaragua der Somozas anstreben, wollen die kleinbürgerlichen und bourgeoisen Kräfte der ARDE einen «demokratischen Kapitalismus» nach westeuropäischem Vorbild. Nur mit Mühe konnte die CIA bisher verhindern, daß diese Unstimmigkeiten in bewaffnete Auseinandersetzungen mündeten. Im März 1985 zimmerte die CIA die Demokratische Allianz als eine Art Bündnis zwischen ARDE und FDN zusammen, um damit eine Kooperation zwischen beiden im Krieg gegen Nikaragua zu erreichen. Doch diese Allianz existiert bis heute lediglich auf dem Papier.

Neben dem Aufbau der organisatorischen Struktur der Contras widmen sich CIA und Pentagon besonders deren waffentechnischer Ausrüstung. Seit 1981 fließen den Contras jährlich Millionen Dollar aus dem USA-Staatshaushalt zu. Offizielle Regierungsstellen sorgen dafür, daß die anfangs nur mit leichten Schützenwaffen ausgerüsteten Contras regelmäßig immer modernere und ausgeklügeltere Waffensysteme erhalten. Zu

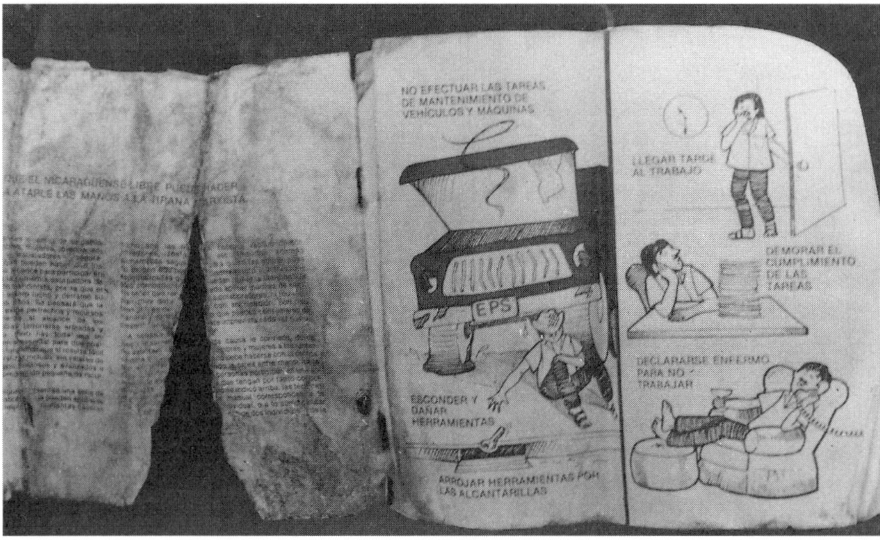

Teile eines von Contras erbeuteten «Ratgebers der CIA»

ihrem technischen Bestand zählen heute Maschinenpistolen, Geschütze, Funkgeräte mit großer Reichweite, Granatwerfer, biologische und chemische Kampfstoffe und, seit Ende 1985, auch Boden-Luft-Raketen. Unterstützung erhalten die Contras auch von Israel: Nachweislich lieferte die Regierung in Tel Aviv in den letzten Jahren Unmengen an Artilleriegeschossen, Minen, Handgranaten, Galil-Gewehren und Munition. Als die israelische Armee 1983 in Libanon einfiel, überließ sie die von der PLO erbeuteten Waffen der FDN.

Finanzspritzen und Waffen kommen aber nicht nur von offiziellen Stellen in Washington und Tel Aviv. In den letzten Jahren hat sich besonders die 1966 von ultrarechten Kräften westlicher Länder gegründete Antikommunistische Weltliga den Contras gewidmet. Unter der Ägide ihres Chefs, des USA-Generals a. D. John Singlaub ist ein ausgeklügeltes internationales System der verdeckten und privaten Unterstützung der Contras durch reaktionäre Geschäftskreise der USA und anderer imperialistischer Länder entstanden. 1985 halfen sie der FDN, «Contra-Aktien» herauszugeben, die dem Käufer nach dem Sieg der «Freiheitskämpfer» reichlich Dividende versprechen. Von zahlreichen Unternehmen der Bandbreite Moon-Sekte bis Zeitschrift «Soldiers of Fortune» fließen heute den Contras jährlich Millionen Dollar zu. Allein für 1985 wurde die Summe der privaten Spenden auf 30 Millionen bis 50 Millionen Dollar geschätzt. Und wer meint, daß Leute wie Singlaub unabhängig von der Regierung in Washington handeln, der irrt. Dies wurde besonders im Herbst 1985 deutlich, als die Antikommunistische Weltliga und offizielle Regierungsstellen Washingtons unter großer Geheimhaltung die Demokratische Internationale ins Leben riefen. Dieser schön klingende Name steht für ein weltumspannendes Netz aller heute gegen fortschrittliche Staaten in Asien, Afrika und Lateinamerika operierenden Terrorbewegungen. In dieser schwarzen Internationale stehen die Contras an der Seite «bewährter» Massenmörder wie Savimbi – Chef der gegen Angola kämpfenden UNITA – oder Wardak – einem der Führer der afghanischen Konterrevolutionäre – oder den Bestien der Pol-Pot-Clique. Mit der Demokratischen Internationale soll nach Wunsch ihrer Gründer der «Kreuzzug gegen den Kommunismus» in der «dritten Welt» effektiviert werden. Auch soll sie zur weiteren Verschleierung der staatlichen und privaten Hilfe westlicher Regierungen und Unternehmen an diese Terrorbanden dienen.

Eine «Hilfestellung» besonderer Art leisteten CIA-Berater den Contras 1984, als sie ein «Handbuch für Konterrevolutionäre» herausgaben. In ihm sind Erfahrungen enthalten, die die USA-Geheimdienste und Streitkräfte bei der illegalen und legalen Kriegführung gegen progressive Staaten und Bewegungen seit dem zweiten Weltkrieg gesammelt haben. Nun stehen sie den Contras in Form eines Nachschlagewerkes zur Verfügung – denn die Ex-Somozasöldner besaßen zwar Erfahrungen bei der Aufrechterhaltung der «öffentlichen Ruhe», in bezug auf die Kriegführung im Dschungel und in den Bergen jedoch keine. Auch enthält das Handbuch Hinweise, wie in Nikaragua eine «fünfte Kolonne» der Contras aufgebaut werden kann und wozu diese dienen soll. So heißt es an einer Stelle: «Berufsverbrecher sollten angeheuert werden, um Demonstranten in eine Konfrontation mit den Behörden zu führen und Aufruhr und Schießereien auszulösen, um einen Märtyrer zu schaffen.» Auch werden Vorschläge mitgeliefert, wie Sandinisten physisch liquidiert werden können. Das Handbuch ist ein Beispiel dafür, wie selbst die Strategie und Taktik der Contras von USA-Beratern diktiert wird. Ihren Anordnungen gemäß mieden Contras in der Regel seit 1981 direkte und reguläre Gefechte mit den gut ausgerüsteten und über eine hohe Kampfmoral verfügenden Soldaten und Offizieren der Sandinistischen Volksarmee (EPS). Vorrangig führten sie kleine Kommandoaktionen vom Typ des Massakers von Yali durch, um mit der Verbreitung von Terror, Angst und Schrecken die Bevölkerung Nikaraguas zu verunsichern, den friedlichen Aufbau zu lähmen und Aktivisten der Revolution zu beseitigen. 1984 glaubten die Contras die Revolution schon derart destabilisiert zu haben, daß sie sie mit einer großen Invasion hinweg-

Panzer T-54: Mittlerer sowjetischer Panzer; befindet sich in der Ausrüstung der Sandinistischen Volksarmee wie auch vieler anderer Armeen junger Nationalstaaten: Besatzung: 4 Mann; Länge: 6,00 m; Breite: 3,10 m; Höhe: 2,40 m; Masse: 36 t; Bewaffnung: 1 Kanone 100 mm und 2 MG (7,62 mm); Geschwindigkeit: max. 50 km/h; Fahrbereich: 440 km (Straße)

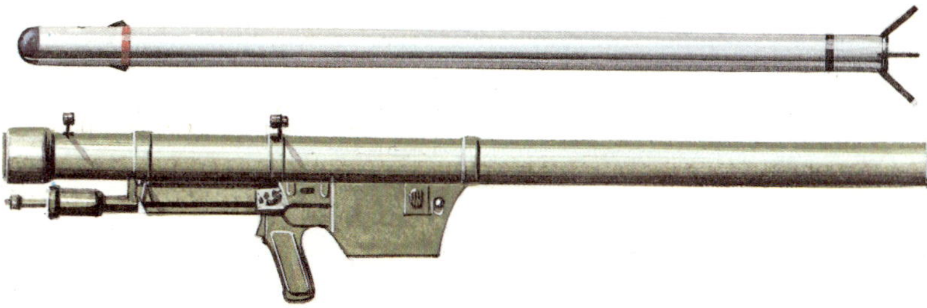

Luftabwehrraketenkomplex «Strela»: Der tragbare Fla-Raketenkomplex «Strela» ist sowjetischer Herkunft und wird von der Sandinistischen Volksarmee zur Verteidigung Nikaraguas eingesetzt. Die Einmann-Fla-Rakete wird von einem Schützen abgefeuert, indem der Transport- und Startcontainer (das Abschußrohr) mit einem einfachen Visier auf das Ziel gerichtet und der Startmechanismus betätigt wird. Der zielsuchende Selbstlenkkopf steuert die Rakete dann selbsttätig ins Ziel

fegen könnten. Mit Hilfe der CIA und des Pentagons, die vor allem die logistische und geheimdienstliche Vorbereitung der Operation übernahmen, fielen von Honduras und Kostarika aus rund 11000 Contras in Nikaragua ein. Ihr Primärziel bestand in der Schaffung «befreiter Territorien». Solche Gebiete besitzen in den Plänen des Pentagon eine besondere Bedeutung. Hier soll eine «Regierung» gebildet werden, die von den USA umgehend anerkannt werden würde und diese um militärischen Beistand gegen die Sandinisten bitten könnte. Damit wäre eine Invasion der USA als eine Art Hilfeleistung an eine befreundete Regierung zu verschleiern. Doch die Rechnung der Konfrontationsstrategen ging nicht auf. Angesichts der drohenden Gefahr schloß sich das Volk von Nikaragua noch enger um die FSLN zusammen: Hunderttausende traten in die Milizen ein, verstärkten die revolutionäre Wachsamkeit und unterstützten mit ihrer ganzen Kraft die bewaffneten Organe der Revolution. Bis Ende 1985 konnten die großen Contraverbände wieder aus dem Land verjagt werden, ihre Offensive war eindeutig gescheitert. Nicht unwesentlich war dabei auch, daß die EPS mit dem Einsatz moderner Waffensysteme – Kampfhubschrauber, Küstenschutzboote, Boden-Boden- und Luft-Boden-Raketen – seit 1984 ihre Schlagkraft wesentlich erhöht hatte.

Doch nicht nur die hohe Verteidigungsbereitschaft des nikaraguanischen Volkes verursacht den Contras heute große Verluste und Probleme. In den eigenen Reihen wird immer mehr die Sinnlosigkeit des von ihnen geführten Stellvertreterkrieges erkannt. Dies betrifft ranghohe Contras, vor allem jedoch das «Fußvolk». Heute sind die rangniedrigen Contras enttäuscht, daß ihnen der Krieg nur Entbehrung gebracht hat, während viele ranghohe Contras in Tegucigalpa oder Miami ein Leben in Luxus und Sicherheit führen. Große Teile des ihnen versprochenen Soldes verschwinden in die Taschen der Contra-Offiziere. Tragisch ist besonders das Schicksal der armen Bauern, insbesondere aus dem Stamm der Misquito-Indianer, die mit ihrem geringen politischen Wissen der geschickten Propaganda der Contras erlagen und 1981/82 nach Honduras abwanderten. Hier erwarteten sie statt des versprochenen Wohlstandes die 17 Ausbildungscamps der FDN. Viele so zu den

Artillerie der sandinistischen Volksarmee im Einsatz gegen die Contras

Contras gepreßte Männer verlassen heute diese Terrorgruppen. Dennoch werden die Contras fortbestehen, solange ihre massive Unterstützung von außen anhält. Denn schon gibt es neue Pläne im Pentagon, ihnen mit noch größeren Summen zu helfen und sie mit immer effektiveren Waffen auszurüsten, wie zum Beispiel mit Kriegsschiffen und Kampfflugzeugen.

Washingtons «Option für den Frieden» in Mittelamerika: Militarisierung und Aufrüstung

Im Frühjahr 1984 legte eine Kommission unter dem Vorsitz von Henry Kissinger dem USA-Kongreß einen Report über Mittelamerika vor, der im Auftrag des Präsidenten entstanden war. Die Verfasser der Denkschrift hoben hervor, daß die Contras bisher zwar große Schäden in Nikaragua verursacht hätten, jedoch durch ihr alleiniges Wirken wäre der Sturz des «sandinistischen Regimes» nicht möglich. Auch in den anderen Ländern der Region habe die von Ronald Reagan vertretene Politik der Stärke nicht zu einer Stabilisierung des nordamerikanischen Einflusses geführt. Daher sei es Zeit, so schlußfolgerten die Autoren, der Mittelamerikapolitik neue Inhalte zu geben. Der Report nahm bereits Kurs darauf, neben der weiteren Förderung der Contras nun durch eine beschleunigte Aufrüstung seiner Bündnispartner in Mittelamerika deren militärisches Potential für seine «pax americana» zu nutzen.

Der Kissinger-Report und die Schlußfolgerungen, die die Reagan-Administration aus ihm zog, trafen die CIA und das Pentagon nicht unvorbereitet. Schon in den zurückliegenden Jahren hatten sie sich dem Ausbau der Armeen von El Salvador und Honduras gewidmet. Von grundlegender Bedeutung war, daß die Streitkräfte der USA 1983/84 im wesentlichen eine Neuordnung ihrer militärischen Struktur und Organisation abgeschlossen hatten. Nun waren sie bereit, selbst in Mittelamerika zu operieren beziehungsweise ihre offene und verdeckte Zusammenarbeit mit den rechten Regimen der Region auszuweiten. In diesem Sinne entstand das Operative Kommando der Amerikanischen Streitkräfte in der Karibik, dessen Stab in Key West (USA-Staat Florida) seinen Sitz hat. Dieses Kommando ist dem SOUTHCOM, dem in der Kanalzone in Panama stationierten Südkommando der USA-Streitkräfte, angeschlossen. Heute fungiert das SOUTHCOM als Koordinator aller offenen und verdeckten militärischen Aktivitäten der USA in Mittelamerika. Auch existiert in der Kanalzone nun die für Kriege der USA oder ihrer Stellvertreter in Mittelamerika notwendige militärische Infrastruktur: Fort Clayton Albrook ist Sitz der größten Kommunikationszentrale der USA-Luftstreitkräfte südlich des Rio Grande, in Fort Sherman sind über 10 000 «Green Berets» stationiert, über Fort Telefers werden die Einsatzkommandos per Satellit mit den Kommandostellen in den USA verbunden, Randolf Base ist Sitz der für die Region zuständigen Geheimdienststellen, und in den Häfen Cristobal und Balboa liegen ständig einsatzbereite Verbände der US Navy vor Anker. Auch andere Stützpunkte der USA in der Karibik wie Guantánamo und Puerto Rico sind für einen eventuellen militärischen Schlag der USA gegen Nikaragua beziehungsweise die FMLN in El Salvador bereit.

Mit ihrem in den letzten Jahren in Mittelamerika geschaffenen militärischen Potential sind die USA bereits heute tief in die militärischen Auseinandersetzungen in der Region verstrickt: So überwachen Spionagesatelliten wie der im Oktober 1985 von der Raumfähre «Challenger» abgesetzte Satellit GLOMAR alle Bewegungen der Sandinistischen Volksarmee und geben diese Informationen an die Contras weiter. Mit Wärmesonden ausgerüstete Maschinen der US Air Force liefern den Regierungstruppen El Salvadors Aufnahmen, die alle größeren Personenkonzentrationen erfassen. Und auch die seit 1981 regelmäßig in Honduras veranstalteten amerikanisch-honduranischen Militärmanöver gehen mehr und mehr über eine Manövertätigkeit hinaus. Sie dienen immer stärker der Versorgung der Contras mit Kriegsgerät und auch zur Niederhaltung patriotischer Bewegungen in Honduras selbst.

CIA und Pentagon übernahmen auch beim Aufbau der Streitkräfte der mittelamerikanischen Verbündeten die Schirmherrschaft. Ein wichtiger Schritt war dabei im Januar 1982 die Neuformierung der Mittelamerikanischen Verteidigungsgemeinschaft, die 1979 mit dem Sturz Somozas zerfallen war. An ihre Stelle trat jetzt die Demokratische Gemeinschaft, der heute El Salvador, Honduras, Guatemala und Kostarika angehören. Über sie fließt ein Teil der Militärhilfe der USA nach Mittelamerika. Auch in der Praxis ist dieser aggressive Militärpakt bereits spürbar. Seit 1982 koordinieren seine Mitglieder ihre «Sicherheitspolitik» gegenüber Nikaragua; auch nehmen heute Truppenkontingente El Salvadors und Honduras' im Rahmen von gemeinsamen «Manövern» an «Säuberungsaktionen» im honduranisch-salvadorianischen Grenzgebiet teil.

Enthüllungen nordamerikanischer Zeitungen zufolge setzt das Pantagon seit Jahren große Hoffnungen in einen von der Demokratischen Gemeinschaft gegen Nikaragua geführten Feldzug. Doch dem

Aufklärungsflugzeug Boeing E 3a Sentry AWACS: Die mit modernsten elektronischen Ausrüstungen versehenen AWACS-Aufklärer unternehmen vom Territorium der USA ausgedehnte Spionageflüge über Mittelamerika. Die Einsätze dieser umgebauten Boeing 747 richten sich hauptsächlich gegen Nikaragua

stand bisher die relativ militärische Schwäche der Armeen der Gemeinschaft entgegen. Seit 1982 werden diese von Washington beschleunigt modernisiert und aufgerüstet, wobei Honduras und Kostarika einen zentralen Platz einnehmen. Beide besitzen strategische Schlüsselpositionen in einem Krieg gegen Nikaragua; von Honduras aus sind auch Präventivschläge gegen die patriotischen Kräfte in El Salvador und Guatemala möglich. Beiden Ländern ist jedoch gemeinsam, daß ihre militärischen Potentiale in Anbetracht der Ziele des Pentagon einen beträchtlichen Nachholebedarf besaßen. So hatte Kostarika 1949 die regulären Streitkräfte aufgelöst und verfügte nur über eine kleine Bürgergarde. Die honduranische Armee war waffentechnisch hoffnungslos veraltet und mit ihren Strukturen für eine offensive Kriegführung in keiner Weise geeignet. Als günstig erwies sich jedoch, daß die seit 1981 regierenden konservativen Kräfte eine militärische Annäherung an die USA begrüßten. Sie hofften damit nicht nur ihre Position in Mittelamerika zu stärken, sondern auch durch die militärische Kooperation Wirtschaftsprobleme ihrer Länder zu lösen. Der honduranische Präsident Cordoba (1981 – 1986) ging so weit, sein Land zum assoziierten Gebiet der USA zu erklären, wenn diese die Lösung der Wirtschaftskrise Honduras' übernehmen würden. Da es auf soviel Entgegenkommen stieß, war es Washington ein leichtes, Honduras in den folgenden Jahren in die größte Militärmacht Mittelamerikas umzuwandeln. Seit 1981 erhält Honduras von Jahr zu Jahr steigende Kredite, die vorrangig zur Modernisierung der Streitkräfte benutzt werden. Die Zahl der Soldaten und Offiziere ist auf etwa 25 000 Mann gestiegen. Die Landstreitkräfte sind heute äußerst mobil und schlagkräftig und sowohl für die offensive Kriegführung nach außen als auch für die «innere Aufstandsbekämpfung» geeignet. Zu ihrer Bewaffnung zählen moderne Panzer vom Typ Scorpion, Saladin-Schützenpanzer, 75-mm- und 105-mm-Geschütze und moderne Schützenwaffen wie die Sturmgewehre M-16 und M-14. Besonderes Augenmerk richteten die USA auf den Ausbau der honduranischen Luftstreitkräfte. Heute besitzt Honduras mit 232 Flugzeugen und Hubschraubern die schlagkräftigste, größte und modernste Luftwaffen der Region. Ihre Jagdflugzeuge vom Typ F-100 Super Sabre, F-5-Jagdflugzeuge, Hubschrauber des Typs UH-1 und Luft-Boden-Raketen großer Reichweite können binnen weniger Minuten Nikaragua erreichen und beliebige Ziele zerstören.

Große Anstrengungen wurden in den letzten Jahren unternommen, um die honduranischen Militärangehörigen im Gebrauch der modernen Waffen und in einer regulären wie auch irregulären Kriegführung zu schulen. Dazu öffnete im Sommer 1983 das Regionale Militärausbildungszentrum (CREM) der USA-Streitkräfte in Honduras seine Tore. Dort werden seither nicht nur Honduraner, sondern auch Tausende Salvadorianer militärisch gedrillt. Eine große Rolle spielen hierbei die gemeinsamen Manöver mit den USA. Zwischen 1981 und 1986 haben beide Armeen rund zwanzigmal den Ernstfall geprobt und sich auf die Zusammenarbeit bei der Abwehr einer eventuellen «sandinistischen Expansion» eingestellt. Während der Manöver entstand und entsteht noch heute die notwendige Infrastruktur: Ein Netz moderner Straßen verbindet die strategisch wichtigen Regionen von Honduras. Besonders im Grenzgebiet zu Nikaragua ist eine Vielzahl von Militärflugplätzen entstanden, auf denen jederzeit selbst die schwersten Transportflugzeuge der US Air Force landen können. Mit der Aufrüstung von Honduras haben die USA Mitte der 80er Jahre bereits weitgehend das militärische Potential kompensiert, welches ihnen 1979 mit dem Sturz der Somozas verlorenging.

Die militärstrategische Bedeutung von Honduras als Aufmarschgebiet gegen Nikaragua und gegen die Befreiungsbewegungen in Guatemala und El Salvador

Während die regierenden Politiker und Generale in Tegucigalpa den Plänen Washingtons bedingungslos entgegenkamen, gestaltet sich die Militarisierung Kostarikas bis heute äußerst schwierig. Zu tief ist in den Kostarikanern der Wunsch nach Frieden und Demokratie verwurzelt, als daß man sich darüber hinwegsetzen könnte. Die konservative Regierung Monge (1981–1986) war zwar bereit, den Contras im Land Unterschlupf zu gewähren und ihre Bürgergarde auszubauen, eine Neugründung regulärer Streitkräfte lehnte sie jedoch ab. Doch die USA drohten der ökonomisch abhängigen kleinen Republik mit einem Wirtschaftskrieg, wenn diese sich der Washingtoner Mittelamerikapolitik in den Weg stellen würde. Seither vollzieht sich in Kostarika, wenn auch in aller Stille, eine militärische Aufrüstung. In den letzten Jahren ist der Kaderbestand der Bürgergarde um das Doppelte auf 9 800 Mann gewachsen, hinzu kommen noch 2 800 paramilitärische Sicherheitskräfte. Seit Herbst 1985 bilden USA-Berater Hunderte Polizisten und Zivilgardisten im Antiguerillakampf aus. Sie sollen in den nächsten Jahren eine spezielle «Antiterrorgruppe» bilden. Interessant ist, daß die Angehörigen der Bürgergarde im Gebrauch moderner Waffen geschult und auch als Führungskader ausgebildet werden. Damit entsteht schrittweise der Kaderbestand für eine reguläre Armee.

Einen besonderen Platz nimmt für Washington die «Hilfeleistung» für die Terrorregime Mittelamerikas ein.

Seit seinem Amtsantritt im Januar 1981 lag USA-Präsident Reagan auch viel an der weiteren Stärkung der ohnehin schon schlagkräftigen Armee Guatemalas. Da die USA jedoch auf Druck der Weltöffentlichkeit 1979 ihre direkte Militärhilfe für Guatemala aufkündigen mußten und eine sofortige Revision dieses Entschlusses nicht möglich war, übernahm Washingtons Juniorpartner Israel diese Aufgabe.

Seit Jahren vertreten die Patrioten und Revolutionäre Mittelamerikas wie Millionen Menschen unseres Planeten den Standpunkt, daß die Sicherung, der Erhalt des Weltfriedens das Gebot unserer Zeit ist. In diesem Sinne sehen sie ihr Engagement für die friedliche Lösung der vielfältigen in ihrer Region schwelenden Konflikte auf dem Weg konstruktiver, die Souveränität und Würde eines jeden achtender Verhandlungen als ihren Hauptbeitrag im Kampf um den Weltfrieden an. Wiederholt haben daher die Regierung Nikaraguas, die FMLN-FDR und die URNG konkrete, realistische Vorschläge zur schnellstmöglichen Einstellung des Blutvergießens gemacht. Doch bisher scheiterten all ihre Initiativen am Widerstand Washingtons und seiner lokalen Marionetten. Deren bevorzugte Praktizierung der bewaffneten Gewalt als vorrangiges Mittel zur «Konfliktlösung» zwingt daher heute nach wie vor die patriotischen und revolutionären Kräfte Mittelamerikas vielerorts zum bewaffneten Kampf. Gegenwärtig zeichnet sich ab, daß der bewaffnete Kampf so lange ein Grundzug nationaler und sozialer Befreiungsprozesse in Mittelamerika sein wird, wie die reaktionärsten Vertreter des Monopolkapitals am Kurs der Hochrüstung und Konfrontation festhalten werden.

Zu Seite 102/103:

Die militärischen Manöver der Reaktion zwingen die patriotischen Kräfte in Mittelamerika auch weiterhin zum bewaffneten Kampf

Waffensysteme
der sandinistischen
Volksarmee

Schlußgedanken

Eine Bilanz des heldenhaften Kampfes der Völker Nikaraguas, El Salvadors und Guatemalas zu ziehen ist heute äußerst kompliziert. Der unerklärte Krieg des USA-Imperialismus und der von ihm ausgehaltenen konterrevolutionären Banden gegen Nikaragua konnte bisher in diesem Land das Rad der Geschichte nicht zurückdrehen. Ebensowenig gelang es der in- und ausländischen Reaktion, die Befreiungsfront «Farabundo Martí» in El Salvador militärisch in die Knie zu zwingen und den Aufschwung des zivilen Massenkampfes zu verhindern. In Guatemala konnten sich die in der URNG vereinten bewaffneten Volkskräfte reorganisieren und den Widerstand in zahlreichen Provinzen des Landes erneut verstärken.

Doch der Preis für diese Erfolge der revolutionären Kräfte war und ist sehr hoch. Die brutalen Aktionen der nikaraguanischen Konterrevolutionäre kosteten Tausende das Leben und fügten der Wirtschaft des Landes großen Schaden zu. Der seit nunmehr fünf Jahren in El Salvador tobende Bürgerkrieg forderte bisher über 60 000 Menschenleben. Tausende verloren ihr Obdach oder flohen in benachbarte Länder. Ähnlich ist die Situation in Guatemala. Dem Terror der Soldateska und der paramilitärischen Mordkommandos fielen Zehntausende Menschen zum Opfer. Annähernd 200 000 Guatemalteken verließen in den letzten Jahren ihre Heimat.

Die Erfolge Nikaraguas bei der Bekämpfung der Contras und die des Volkswiderstandes in El Salvador und Guatemala sind um so höher zu werten, da sie trotz wachsendem militärischem Engagement der USA in der Region erfolgten.

Die Frage nach der weiteren Entwicklung in Mittelamerika ist keineswegs leicht zu beantworten. Die internationale und nationale Front der Interventionsgegner hat immer neue Kräfte erhalten, und die Solidarität mit dem gerechten Kampf der Völker Mittelamerikas für Frieden, Demokratie und sozialen Fortschritt hat ein bisher nicht gekanntes Ausmaß erreicht. Dennoch ist die Gefahr einer direkten Intervention durch die USA nicht gebannt. Die Geschichte zahlreicher Befreiungsrevolutionen in allen Teilen der Welt zeigt deutlich, daß gerade dann, wenn die «klassischen Methoden» der Konterrevolution nicht die gewünschten Ergebnisse bringen, die Aggressivität des Imperialismus und der mit ihm verbündeten einheimischen Reaktion besonders krasse Formen annehmen kann.

Bisher haben der heroische Kampf der Völker Mittelamerikas und seine breite internationale Unterstützung eine direkte militärische Intervention und die Internationalisierung des regionalen Konflikts verhindern können. Die weitere Entwicklung wird sehr stark davon abhängen, inwieweit es den Volkskräften gelingt, das innere Kräfteverhältnis in ihren Ländern

Grenzposten der sandinistischen Volksarmee in der Provinz Nueva Segovia auf Wacht

weiter zu ihren Gunsten zu verändern und im Bündnis mit einer weltweiten Front der Friedenskräfte am Verhandlungstisch eine politische Lösung des Konflikts zu erzwingen.

Seit Mitte der 80er Jahre wird immer deutlicher, daß die Grundvoraussetzungen für jeglichen sozialen und ökonomischen Fortschritt stärker dennn je von der Wiederherstellung des Friedens abhängen. Aus dieser Erkenntnis heraus verbinden die Patrioten Mittelamerikas ihren bewaffneten Kampf seit Jahren mit dem Ringen um eine politische Lösung der in ihren Ländern schwelenden Konflikte. So unterbreitete die Regierung Nikaraguas mehrfach konstruktive Friedensvorschläge, führten die Patrioten El Salvadors einen Dialog mit Präsident Duarte und erklärte die URNG ihre Verhandlungbereitschaft mit der Regierung in Guatemala-Stadt. Die verstärkte Konzentration auf den Friedenskampf ist nicht als eine Kapitulation zu werten. Vielmehr zeugt sie von einem hohen Verantwortungsbewußtsein gegenüber den Mittelamerikanern, gegenüber der Weltöffentlichkeit. Auf diesem Weg leisten die bewaffneten Befreiungsorganisationen einen großen Beitrag, um die Eskalation des Mittelamerikakonflikts in einen Weltbrand zu verhindern und um den seit fast zehn Jahren im Kriegszustand lebenden Nikaraguanern, Salvadorianern und Guatemalteken den lang ersehnten Frieden zu bringen. Konsequent machten die Patrioten jedoch auch deutlich, daß der Frieden nur dann dauerhaft wiederhergestellt werden kann, wenn die gesellschaftlichen Ursachen, die zu den Konflikten führten, beseitigt und die revolutionären Errungenschaften der letzten Jahre anerkannt würden. Der Friedenskampf der Mittelamerikaner, nicht zuletzt der Nikaraguas, der FMLN-FDR und URNG, findet international wachsende Unterstützung. Die weltweite Front

der Friedenskräfte ist in den letzten Jahren stark angewachsen und umfaßt neben den sozialistischen Staaten und progressiven Regierungen Asiens und Afrikas auch ungezählte Organisationen, Parteien und Bewegungen in den kapitalistischen Staaten, die sich für Frieden, Demokratie und sozialen Fortschritt einsetzen. Auch von vielen bürgerlichen Regierungen sowie den in der Sozialistischen Internationale vereinten sozialdemokratischen Parteien und ungezählten Vertretern der Kirche in aller Welt wird die auf eine militärische Lösung des Konflikts in Mittelamerika orientierte Politik verurteilt.

Vor allem in Lateinamerika selbst ist in den letzten Jahren die Front der Interventionsgegner immer mehr angewachsen. Die bisher umfangreichste Initiative zur politischen Lösung des Konflikts auf dem Verhandlungsweg ist auf das engste mit dem Wirken der Contadora-Gruppe verbunden, zu der Mexiko, Kolumbien, Panama und Venezuela gehören. Auch

Die Teilnehmer des Gipfeltreffens der mittelamerikanischen Regierungschefs

wenn es der Contadora-Gruppe und der sie seit 1986 unterstützenden Lima-Gruppe (Argentinien, Brasilien, Peru und Uruguay) bis heute noch nicht gelungen ist, eine politische Lösung am Verhandlungstisch zu erreichen, so muß ihr Wirken im Hinblick auf die weltweite Formierung der Interventionsgegner und die Verringerung der Möglichkeiten der USA für eine direkte bewaffnete Einmischung in Mittelamerika als bedeutungsvoll eingeschätzt werden.

Der Kampf um den Frieden in Mittelamerika trägt Ende der 80er Jahre erste Früchte. Nach langen Vorgesprächen unterzeichneten alle mittelamerikanischen Präsidenten im August 1987 im guatemaltektischen Esquipulas den vom kostarikanischen Präsidenten Arias unterbreiteten «Friedensplan für Mittelamerika». Darin erklärten alle Teilnehmer des Gipfeltreffens ihre Bereitschaft, die völkerrechtlichen Normen in den zwischenstaatlichen Beziehungen zu wahren, alle Anstrengungen zu unternehmen, um die Konflikte in Mittelamerika politisch zu lösen und das Recht aller Mittelamerikaner auf Leben, Demokratie und Wohlstand anzuerkennen. Schon kurze Zeit nach Esquipulas ordnete die Regierung in Managua einseitig in den von den Contras heimgesuchten Regionen einen Waffenstillstand an und nahm Gespräche mit der Opposition auf, setzte der Dialog zwischen FMLN-FDR und Duarte erneut ein und trafen sich erstmalig Vertreter der URNG mit Repräsentanten der guatemaltektischen Regierung. Die Nichtachtung der Waffenruhe durch die Contras und wiederholte Angriffe der salvadorianischen Armee auf Stellungen der FMLN demonstrieren freilich, daß der Weg zum dauerhaften Frieden in der Region noch lang ist. Dennoch scheint sich heute eine neue Etappe im Kampf um Frieden, Demokratie und Entwicklung in Mittelamerika abzuzeichnen. Inwieweit aber ein realer, dauerhafter Frieden erreicht werden kann, wird nicht zuletzt von der Standhaftigkeit der Patrioten der Region und dem weiteren Anwachsen der weltweiten Bewegung für Frieden und Solidarität mit den Mittelamerikanern abhängen.

Literaturauswahl

Bahrmann, H./Links, Ch., Contras contra Nikaragua, Berlin 1985.

Bahrmann, H./Links, Ch., Sechsmal Mittelamerika - Konflikte einer Region, Berlin 1985.

Barricada, Managua, Jg. 1982–1985.

Bitter, W., Die wirtschaftliche Eroberung Mittelamerikas durch den Bananentrust. Organisation und imperialistische Bedeutung der United Fruit Company, Darmstadt 1971.

Bohemia, Havanna, Jg. 1978–1985.

Boris, D./Rausch, R., Zentralamerika, Köln 1984.

Brönner, W./Nieth, H. J., Der Kampf um El Salvador. Volkserhebung und Intervention, Köln 1982.

Granma, Havanna, Jg. 1980–1985.

Hagen, W., Die Erben Sandinos, Berlin 1980.

Heine, R./Kohlmetz, H., Nikaragua. No pasaran!, Berlin 1984.

Jokisch, R. (Hg.), El Salvador. Freiheitskämpfe in Mittelamerika, Hamburg 1981.

Keegan, J., World Armies, London 1983.

Krämer, R., Mittelamerika: Volkskampf contra USA-Gewaltpolitik, Berlin 1984.

Leger Sivard, R., World Military and Social Expenditures, Washington 1986.

Niess, F., Der Koloß im Norden. Geschichte der Lateinamerikapolitik der USA, Köln 1984.

Nuhn, H. (Hg.), Krisengebiet Mittelamerika, Braunschweig 1985.

Tefel, R. A., El infierno de los pobres, Managua 1978.

The Military Balance 1985–1986, London 1986.

World Armaments and Disarmament, SIPRI Yearbook 1984, London-Philadelphia 1984.

Abkürzungen

ARDE	Alianza Revolucionaria Democrática – Revolutionäre Demokratische Allianz
CIA	Central Intelligency Agency – Geheimdienst der USA
DRU	Dirección Revolucionario Unificada – Vereinte Revolutionäre Leitung
EGP	Ejército Guerrillero de los Pobres – Guerrillaheer der Armen
ERP	Ejército Revolucionario del Pueblo – Revolutionäre Armee des Volkes
FAL	Fuerzas Armadas de Liberación – Bewaffnete Befreiungskräfte
FAR	Fuerzas Armadas Rebeldes – Bewaffnete Rebellenstreitkräfte
FARN	Fuerzas Armadas de Resistencia Nacional – Bewaffnete Kräfte des Nationalen Widerstandes
FDN	Fuerza Democrática de Nicaragua – Demokratische Kraft Nikaraguas
FDR	Frente Democrático Revolucionario – Revolutionäre Demokratische Front
FMLN	Frente Nacional de Liberación «Farabundo Martí» – Nationale Befreiungsfront «Farabundo Martí»
FPL	Fuerzas Populares de Liberación – Volksbefreiungskräfte
FPN	Frente Patriótica de Nicaragua – Patriotische Front Nikaraguas
FSLN	Frente Sandinista de Liberación Nacional – Sandinistische Nationale Befreiungsfront
MLP	Movimiento de Liberación del Pueblo – Bewegung zur Befreiung des Volkes
MPU	Movimiento del Pueblo Unido – Bewegung Vereintes Volk
NOA	Nueva Organización Anticomunista – Neue Antikommunistische Organisation
ORDEN	Organización Democrático Nacionalista – Nationale Demokratische Organisation
ORPA	Organización del Pueblo en Armas – Organisation des Volkes in Waffen
UFC	United Fruit Company – USA-Konzern
URNG	Unión Revolucionaria Nacional de Guatemala – Guatemaltekische Revolutionäre Nationale Einheit

ISBN 3-327-00287-8

1. Auflage

Lizenz-Nr. 5
Printed in the German Democratic Republic
Gesamtherstellung: INTERDRUCK, Graphischer Großbetrieb Leipzig,
Betrieb der ausgezeichneten Qualitätsarbeit, III/18/97
Lektor: Inge Fischer
Gesamtgestaltung: Helmut Herrmann
Zeichnungen: Heinz Rode
Kartenzeichnungen: Christa Kunz
Redaktionsschluß: Dezember 1986
LSV: 0549
Bestellnummer: 746 886 6
00750